KB263750

원 컷

홍우림 지음

ONE CUT

이미지로 설득하는
비주얼 브랜드텔링 전략

홍우림

필름

CONTENTS

Part 3. 이미지로 브랜딩하다

7장. 비주얼 브랜드텔링으로 변화를 만들다   308

PROLOGUE

▌이미지로 브랜드를 말하는 시대

얼마 전, 20년 넘게 이어온 브랜드가 간판을 내렸습니다. 제품도 나쁘지 않았고 어느 정도 고객도 있었지만, 어느 순간부터 사람들의 관심이 뜸해지더니 결국 문을 닫았습니다. 주변을 보면 한때 인기를 끌며 사람들을 줄 서게 하던 브랜드들도 시간이 지나며 서서히 관심 밖으로 밀려나는 것을 종종 봅니다. 반면 어떤 브랜드는 큰 광고비를 쓰지 않아도 사람들의 발걸음이 끊이지 않고, 시간이 지날수록 오히려 더 많은 팬이 생깁니다.

'왜 어떤 브랜드는 사람들에게 잊히고,

어떤 브랜드는 끊임없이 사람이 모이게 될까요?'

이 질문은 지금 이 시대를 살아가는 모든 브랜드의 고민이기도 합니다. '한 치 앞 내일을 알 수 없는 경제, 불확실성의 시대',

브랜딩은 이제 선택이 아닌 생존의 문제가 되었습니다. 많은 브랜드가 화려한 광고나 일시적인 마케팅보다 브랜딩에 주목하는 이유는 하나입니다. 바로 사라지지 않고 오래 지속될 수 있는 브랜드로 남고 싶기 때문입니다.

브랜딩은 결국 사람의 마음을 얻는 것입니다. 그래서 수많은 브랜드가 자신을 어떻게든 알리려고 노력합니다. 시간과 비용과 노력을 들여 마케팅과 광고에 힘써보지만, 정작 사람들의 마음을 얻는 일은 그리 쉽지 않습니다. 종종 브랜드 담당자로부터 이런 이야기를 듣습니다.

"SNS에 멋진 사진을 올려도 반응이 없어요."
"광고를 해도 한순간이고, 다시 제자리예요."
"우리 브랜드 스토리가 너무 좋은데, 아무도 몰라요."
"우리 브랜드의 팬이 생기지 않아요."

브랜딩에 대해 한 번쯤 고민해 본 사람이라면 이와 비슷한 생각을 해보았을 겁니다. 자신이 아무리 좋은 가치를 가지고 있어도, 아무리 훌륭한 제품을 만들어도, 정작 사람들이 관심을 두지 않으면 모든 것이 무의미합니다. 특히 요즘 사람들의 집중 시간은 점점 더 짧아지고 있습니다. 그러면 그 짧은 순간에 사람의 마음을 사로잡을 방법은 무엇일까요?

이 책은 그 답을 '**이미지**'에서 찾습니다.

지금 우리는 '이미지의 시대'를 살아가고 있습니다. 저는 감히 호모 포토그래피Homo Photography, 사진 찍는 인간의 시대라고 말합니다. 이제 우리는 손쉽게 누구나 언제 어디서나 사진을 찍습니다. 브랜드를 처음 만나는 순간도 손안의 작은 스마트폰 속 '이미지'에서 시작됩니다. 우리가 가장 많이 접하는 인스타그램, 유튜브, 틱톡의 언어는 철저히 사진 또는 영상 기반의 **비주얼 언어**Visual language입니다. 이제 사람들은 긴 텍스트를 읽는 것보다 매 순간 스치는 수백 개의 이미지와 영상에 익숙해져 있습니다. 그 짧은 시간, 브랜드가 1초 안에 시선을 사로잡지 못하면 그대로 스킵(skip)될 뿐입니다.

"백문이 불여일견.

百聞不如一見。

A picture is worth a thousand words."

한 장의 이미지가 천 마디 말보다 강력합니다. 브랜드의 본질을 담은 한 장의 이미지, 저는 이것을 **원 컷**One Cut이라고 부릅니다. 이제 브랜드도 여러 말보다 강력한 이미지로 말하는 시대가 왔습니다. 많은 브랜드가 이미지에 공을 들입니다. 멋지게 촬영한 제품 사진, 화려한 광고 영상을 경쟁적으로 SNS에 쏟아냅니다. 그런데 문제는 사람들이 잘 반응하지 않습니다. 왜 이런 일이 일어날까요?

　그 이유는 '멋진 이미지'에만 집중했지, 사람의 마음을 움직이는 이미지를 만들지 못했기 때문입니다. 브랜드가 이미지를 사용하는 방식은 이제 과거와 달라졌습니다. 사람들은 더 이상 광고를 보지 않습니다.

　하지만 사람이 잘 모이는 브랜드들은 조금 다른 방식으로 이미지를 씁니다. 스타벅스Starbucks는 고객이 찍은 릴스만 계속 공식 계정에 올리고, 애플Apple의 인스타그램는 제품 사진이 단 한 장도 없습니다. 파타고니아Patagonia는 제주 해녀의 다큐멘터리를 찍고, 에버랜드는 디즈니랜드를 제치고 세계 1위 유튜브 구독자를 모았습니다. 이들의 공통점은 무엇일까요? 바로, 사람의 마음을 얻는 '이야기'를 하고 있다는 것입니다. 사람이 어떤 이미지에 반응하는지를 이해하고, 그 통찰을 바탕으로 브랜드의 이야기를 시각적으로 전달하여 공감과 행동을 이끌어내는 것, 이것이 바로 **비주얼 브랜드텔링**Visual Brandtelling' 입니다.

　저는 '이미지'로 브랜딩하는 사람입니다.

　제가 이미지를 공부한 아트센터 칼리지 오브 디자인ArtCenter College of Design은 상업 최전선에서 디즈니, 나이키, 애플 등 세계를 이끄는 브랜드의 크리에이티브를 만드는 곳으로 유명합니다. 솔직히 이 경쟁에서 살아남는 것은 쉽지 않았습니다. 일찌감치 세계 시장에서 순수 크리에이티브 경쟁력만으로는 어렵다는 것을 깨닫고 저는 조금은 다른 길을 선택했습니다.

그것이 바로 '이야기Narrative' 입니다.

사람들이 화려한 광고사진을 찍을 때, 저는 홀로 아이티Haiti의 한 빈민촌에 들어가 갱들의 전쟁과 총격 속에 살아가는 아이들의 이야기를 5년 동안 카메라에 담았습니다. 사람들이 매력적인 모델의 얼굴을 찍을 때, 저는 대한민국의 소외되고 잊혀 가는 참전용사님의 얼굴을 사진으로 남겼습니다. 잘 알려지지 않았지만, 자기다움을 잃지 않으며 소중히 가꿔온 브랜드들의 진짜 이야기들을 이미지로 말해왔습니다.

그리고 그 선택은 기적 같은 일들로 다시 돌아왔습니다. 카메라에 담은 고아원 소년의 이야기가 IPA(International Photography Awards) 국제사진공모전 올해의 에디토리얼 사진으로 선정되어 한국인으로는 처음으로 카네기홀에 서게 되었습니다. 누구도 관심을 두지 않았던 소외된 참전용사님들의 이야기로 대한민국 정부의 정책이 바뀌었습니다. 그렇게 한 장의 이미지가 누군가에게 도움으로 연결되고, 누군가의 인생을 바꾸는 크고 작은 경험들을 통해 하나의 확신에 이르게 되었습니다.

'이미지는 사람을 움직이는 힘이 있습니다.'

이미지는 브랜딩의 모든 것에 깊게 관여합니다.

브랜드를 처음 발견하는 순간부터 누군가에게 기억되게 하며, 자신만의 이야기로 경쟁자와 차별화된 개성을 보여주고, 그 브랜드의 열렬한 지지자를 만들어 시간이 지나도 변하지 않는 신뢰를 쌓아갈 수 있습니다. 이 책이 던지는 질문은 하나입니다.

"그럼 과연 사람은 어떤 이미지에 반응하는가?"

이 질문의 답을 찾기 위해 지난 10년 동안 국제사회, 정부, 기업, 기관, 스타트업, 소상공인, 개인에 이르기까지 다양한 브랜드의 이야기를 카메라에 담았습니다. 그들의 크고 작은 성공과 실패의 경험을 쌓아가면서, 사람이 반응하는 이미지의 다섯 가지 원리를 찾았습니다.

욕망Desire : 사람은 무엇에 반응하는가?

스타일Style : 어떻게 매력적으로 보이게 할까?

스토리Story : 어떻게 다르게 이야기할까?

공명Resonance : 어떻게 공명하는 팬을 만들까?

일관성Consistency : 어떻게 오래가는 브랜드를 만들까?

이 책은 이미지로 브랜딩을 이야기합니다.

단순히 SNS 마케팅 책도 아니고, 진부한 브랜딩 이론서도 아니며, 화려한 사진 촬영 기법을 알려주는 기술서는 더더욱 아닙니다. 도리어 이 책은 이미지를 통해 '사람'을 이해하고, 그들의 마음이 어떻게 브랜드로 향하게 하는지 그 '원리'를 이야기합니다.

브랜딩은 결국 사람을 움직여야 합니다. 이미지 이전에 '사람'에 대한 이해가 더 중요합니다. 화려한 기교나 최신 트렌드보다, 사람의 눈과 마음이 어떻게 움직이는지에 대한 통찰에서 모든 비주얼 브랜드텔링이 시작됩니다.

3년 전, RE.BRAND라는 이름으로 처음 인스타그램을 시작했습니다. 이미지에 대한 10년간의 고민과 연구를 하나씩 공유했고, 그렇게 많은 분들이 모여주셨습니다. 그분들의 응원과 공감으로 그동안 함께 나누었던 영감을 모아 이제 조심스럽게 책으로 엮어 세상에 내놓습니다.

함께 많은 고민과 이야기를 나누었던 모든 브랜드에게 진심으로 감사드립니다. 여러분의 브랜드를 통해 이 책의 모든 원리가 완성될 수 있었습니다.

이미지에 미쳐 있던 시절, '브랜딩'이라는 단어를 깨닫게 해주시고, 오랫동안 믿음으로 아낌없는 지도를 해주신 홍성태 교수님께 깊이 감사드립니다. 마지막으로 이 책이 나오기까지 어려운 순간들을 견뎌주고 함께하며 끝까지 응원해 준 사랑하는 가족에게 이 책을 바칩니다.

브랜드의 생존은 더욱 치열해지고, 브랜딩의 과정은 생각보다 쉽지 않을 수 있습니다. 지금도 이 책을 펼친 누군가는 매일 밤잠을 설치며 날마다 자신의 브랜드를 고민하고 있다는 것을 잘 알고 있습니다. 나의 브랜드가 사람들에게 외면받거나 알려지지 않을 때의 상심은 그 사람 아니고서는 알 수 없을 것입니다. 이 책이 그런 분들에게 작은 힘이 되길 바라며, 비주얼 브랜드텔링의 여정을 함께 시작해 보겠습니다.

2025년 12월
서재에서
홍우림

ONE
CUT

PART

비주얼 브랜드

1

텔링의 힘

1장

사람을 움직이는 이미지의 비밀

▌브랜드의 운명을 결정하는 시간, 1초

브랜드가 누군가에게 기억되는 데 시간이 얼마나 걸릴까요? 매일 수많은 이미지를 스크롤할 때, 사람의 손가락을 멈추게 하는 시간은 약 1초도 되지 않습니다.

바로, 이 1초에 브랜드의 운명이 결정됩니다.

우리는 하루에도 수백 번, 수천 번 스마트폰 화면을 스크롤하며 수많은 브랜드를 만납니다. 이 찰나에, 뇌는 본능적으로 결정을 내립니다. "계속 볼까? 아니면 넘길까?" 이 짧은 시간에 머릿속에선 이미 선택이 끝났습니다.

자, 여기에 한 이야기가 있습니다.

다음 중 어떤 방식으로 정보를 전달하는 것이 가장 빠를까요?

말

"저희는 3대째 이어온 시골 과수원에서 정성껏 사과를 재배하고 있습니다.
할아버지 때부터 자연 그대로의 방식을 고수해 왔고,
특히 과수원이 해발 700미터 고지대에 자리 잡고 있어서
일교차가 크기 때문에 당도가 높고 단단한 사과를 생산할 수 있습니다."

글

3대가 이어온 정직한 맛, 자연이 키운 프리미엄 고산지 사과.

이미지

말로 설명하는 데, 10초.

브랜드 슬로건 문장을 읽는 데, 5초.

하지만 이미지는? 단 1초의 원 컷이면 충분합니다. **이미지는 '설명'이 아닌 '느낌'으로 다가갑니다.** 길게 이야기하지 않아도 순간에 이해할 수 있으며, 복잡한 설명 없이도 즉각적으로 감동을 전할 수 있습니다. 사람의 뇌는 말이나 글보다 이미지를 훨씬 빠르게 인식합니다[■]. 우리의 뇌는 텍스트보다 이미지를 6만 배 더 빠르게 처리하며, 글을 읽은 후 정보의 약 10%만 기억할 수 있지만, 이미지가 더해지면 65%까지 기억할 가능성이 높습니다.

> [■] John Medina, Brain Rules: 12 Principles for Surviving and Thriving at Work, Home, and School (Seattle: Pear Press, 2008), Chapter 10 "Vision."

저는 어릴 적 아버지의 큰 서재에 가는 걸 좋아했습니다. 서재엔 빽빽한 글로 된 역사책이 가득했지만, 제 시선을 붙잡은 건 늘 사진이 들어간 책들이었던 기억이 납니다. 몇 개의 이미지는 여전히 어렴풋이 기억의 잔상으로 남아 있습니다. 이처럼 이미지는 이 짧은 시간에 사람의 뇌에 메시지, 이야기, 감정, 기억 등 많은 것을 전달할 수 있습니다. 이것이 바로 직관적인 '이미지의 힘'입니다.

우리는 이미 비주얼 언어로 살고 있습니다. 일상의 모습을 생각해 보세요. 휴대전화를 켜면 친구가 보낸 DM 속 맛집 사진에 침이 고이고, 피드를 넘기다 마음에 드는 사진에 '좋아요'를 누르며, 나중에 필요한 정보다 싶으면 '저장'을 해둡니다. 유튜브, 인스타그램, 틱톡의 언어는 철저히 '비주얼'입니다. 사람들은 더 이상 긴 글을 읽지 않습니다. 직관적으로 이해되는 이미지와 영상을 원합니다.

브랜드를 접하고 기억하는 방식도 정확히 같습니다. 사람들이 나의 브랜드를 만나는 시간은 점점 짧아집니다. 빠르게 넘겨버리는 그들의 손가락을 멈추고 콘텐츠를 더 볼지, 아니면 그대로 넘겨 잊어버릴지, 그 약 1초의 시간이 브랜드의 운명을 결정합니다. 바로 이 1초가 누군가에게는 기회가 될 수 있습니다. 내 브랜드를 모르던 사람에게 자신을 확실히 인지시켜 사람들이 몰려올 수 있습니다. 여러분의 브랜드가 추구하는 가치를 많은 사람에게 공감하게 할 수 있습니다. 그리고 그 가치를 담은 이야기를 자발적으로 또 다른 누군가에게 전달하기도 합니다. 오프라인 매장이 없거나, 찾아오기 어려운 곳에 있어도 사람들이 알아서 브랜드를 찾아옵니다. 이런 일들은 꼭 이름이 알려진 유명 브랜드만의 이야기가 아닌 우리 주변의 다양한 브랜드에서 일어나고 있습니다.

여러분도 이러한 변화를 만들고 싶다면, 이제 나의 브랜드도 '이미지'로 말해야 합니다.

브랜드의 운명을 결정하는 시간, 1초. 이 순간을 사로잡으려면, 이미지로 말해야 한다.

▎왜 브랜딩에 이미지가 중요할까?

'이미지'가 왜 브랜딩에 중요할까요?

답은 간단합니다. 우리가 브랜드를 만나는 모든 순간에 이미지가 있기 때문입니다. 여러분이 브랜드를 처음 발견하는 순간부터 결정의 행동을 하고, 그 경험을 친구에게 공유하는 순간까지 모든 접점에서 이미지가 결정적 역할을 합니다.

브랜딩의 핵심적 원리는 '인지perception'를 만들어내는 것입니다. 딱, 하고 떠오르는 것을 머릿속에 심어야 하는 것이죠. 결국 어떤 이미지를 만드는가의 싸움입니다. 수많은 브랜드 중에서 '왜 나를 선택해야 하는지'에 대한 명확한 이유를 고객의 마음속에 새겨 넣는 것이 바로 브랜딩의 목표입니다.

하지만 현대인들의 주의 집중 시간은 점점 더 짧아지고, 정보는 넘쳐나며, 경쟁은 더욱 치열해집니다. 이런 환경에서 가장 빠르고 효과적으로 인지를 만들 수 있는 방법이 바로 '이미지'입니다.

요즘 현대 소비자들의 약 80%가 SNS 이미지를 통해 새로운 브랜드를 발견한다고 합니다. 반면, 매장 방문을 통해 브랜드를 접하는 비율은 8%에 불과합니다. 이런 상황에서 브랜드를 처음 인지하고, 검색하고, 구매하고, 공유하기까지 모든 여정에서 이미지는 핵심적 역할을 합니다. 일상에서 브랜드를 만나는 과정을 한번 생각해 볼까요?

🧠 발견 – "어, 이런 게 있네?"

아무 생각 없이 스마트폰을 스크롤하다 우연히 마주친 한 장의 사진. 브랜드와의 첫 만남은 대부분 이미지에서 시작됩니다. 유튜브를 볼 때 우리의 선택을 결정하는 것도 '섬네일' 이미지입니다. 어떤 브랜드든 첫 만남은 대부분 이미지에서 시작됩니다.

🧠 호기심 – "더 알고 싶은데?"

시선을 사로잡은 이미지가 우리의 필요나 욕구와 맞닿으면, 관심은 자연스럽게 호기심으로 발전합니다. 이때 우리는 이미지를 '클릭'하죠. '좋아요'를 누르고, 계정을 탐색하고, 게시물 몇 개를 더 스크롤합니다. 그 선택의 순간을 만드는 것도 이미지입니다.

🧑 탐색 – "믿을 만한 브랜드일까?"

호기심은 곧 행동으로 이어집니다. 마음에 드는 브랜드를 찾으면, SNS를 둘러보거나 홈페이지를 방문하여 꼼꼼히 정보를 수집합니다. 이때 브랜드의 제품이나 서비스를 설명하는 상세페이지, 포트폴리오, 고객 후기까지 대부분의 내용도 이미지로 구성됩니다.

결정 – "그래, 이거다!"

지갑을 열기 전, 우리는 최종적으로 시각적 확인을 원합니다. 실제 사용 후기 사진, 언박싱 영상, 착용 사진, 인플루언서의 평가 등. 모든 브랜드 경험을 최종적으로 확인하며, 구매 결정의 순간에도 가장 결정적 역할을 하는 것은 이미지입니다.

공유 – "친구한테 보내줘야지!"

내가 마음에 드는 콘텐츠를 보면 순간 떠오르는 사람에게 DM으로 공유한 경험이 있을 겁니다. 만족스러운 브랜드 경험은 자연스럽게 공유로 이어집니다. 한 장의 사진이 누군가의 SNS에 올라가고, 그 이미지를 본 다른 친구들이 관심을 보이면, 다시 새로운 고객의 브랜드 여정이 이미지로부터 시작됩니다.

자, 어떤가요? 고객의 여정에 이미지가 관여하지 않는 곳이 하나도 없습니다.

굳이 연결하려 노력하지 않아도 브랜드가 고객을 만나는 모든 여정에는 이미 시각적 요소가 깊이 관여하고 있습니다. 브랜드를 처음 만나는 순간부터, 정보를 검색하고, 경험을 나누며 공유할 때까지 인간의 뇌가 정보를 처리하는 '인지cognition – 감정affect – 행동behavior'의 모든 단계에 가장 강력한 영향을 미치는 것이 바로 이미지입니다. 브랜딩에서 이미지의 역할은 그저 단순히 브랜드의 정보를 전달하는 것이 아닙니다. 보게 하고, 경험하고, 공유하고, 행동하게 만드는 주요 도구입니다. 그리고 그 중심에는 사람의 마음을 움직이게 하는 결정적인 힘이 있습니다.

브랜딩이 결국 사람의 마음의 문을 여는 일이라면 이미지는 그 문을 여는 열쇠입니다. 따라서 이미지를 어떻게 사용하느냐가 브랜드의 운명을 결정한다고 해도 과언이 아닙니다. 같은 분야의 브랜드라고 해도 어떤 브랜드는 사람들의 관심을 받고, 어떤 브랜드는 외면받는 경우가 많죠. 똑같이 콘텐츠에 공을 들였는데도, 어떤 콘텐츠는 사람들에게 좋아요, 공유, 팔로워가 꾸준히 증가하는 반면, 나의 이미지는 공허한 울림으로 사람들에게 관심받지 못하고, 어느새 조용히 '좋아요'의 숨김 버튼을 누릅니다. 왜 이런 차이가 날까요? 우리는 이런 차이를 만드는 원인을 찾아야 합니다.

브랜딩이 결국 사람의 마음의 문을 여는 일이라면 이미지는 그 문을 여는 열쇠다.

｜ 내 이미지에 사람들이 반응하지 않는 이유

그런데 여기서 문제가 있습니다.

내 이미지에 사람들이 반응하지 않는 겁니다.

왜 그들은 내 브랜드 이미지에 반응하지 않는 걸까요? 그 이유는 바로 '멋진 이미지'만 만들고 있기 때문입니다. 많은 브랜드가 이미 이미지의 중요성을 알고 있습니다. 그래서 최대한 멋지게 보이는 것에 집중합니다. 고급 카메라와 장비로 완벽한 사진을 찍고, 전문가의 손길로 세련된 영상을 제작합니다. 하지만 현실에서 돌아오는 대답은 이렇습니다.

"인스타에 멋진 사진을 올려도 반응이 없어요."
"광고하면 반짝 효과는 있지만, 다시 제자리예요."

도대체 무엇이 잘못된 걸까요? 문제는 '말하는 방식'입니다. 이들은 '멋진 이미지'에만 집중했지, '사람을 움직이는 이미지'를 만들지 못했습니다.

브랜드가 말하는 방식은 이제 달라졌습니다. 많은 브랜드가 여전히 완벽하게 세팅된 스튜디오에서 전문 모델이 포즈를 취하고 최고급 카메라로 찍은 사진을 올립니다. 마치 잡지 화보나 TV 광고처럼 화려한 이미지를 만들고 구매를 촉구하는 카피를 넣어 '믿을 수 없는' 극찬을 덧붙입니다. 하지만 이제 사람들은 이런 방식에 크게 반응하지 않습니다. 왜일까요?

고객들은 이미 수천, 수만 번 이런 광고를 봐왔습니다. 그들은 더 이상 광고에 집중하지 않고, 우리가 무엇을 설명하는지에 크게 관심이 없기 때문입니다.

"1+1! 빅 세일!"
"마감 임박! 놓치지 마세요!"
"곧 가격이 오릅니다."

이런 식의 수없이 반복된 선동 광고 문구에 사람들은 이미 지쳤습니다. 뭔가 내가 관심 있는 콘텐츠를 보려고 할 때 갑자기 등장하는 광고의 15초 동안, 얼마나 답답하고 짜증 났는지 기억해 보세요. 사람들은 원치 않는 광고 메시지에 큰 피로감을 느낍니다.

이제 브랜드가 말하는 방식은 바뀌었습니다.

과거 TV나 잡지 같은 레거시 미디어가 지배하던 시대, 브랜드가 말하는 방식은 일방적 소통의 방식이었습니다. 브랜드가 '말하면' 고객은 '들어야' 했고, 브랜드가 '보여주면' 고객은 '봐야' 했습니다. 어떤 선택의 여지가 없었죠. 하지만 이제 수많은 광고에 노출되며 피로감을 느낀 사람들은 스킵하고 스크롤하며 자신이 원치 않는 콘텐츠를 단숨에 넘겨버립니다.

그럼 어떻게 해야 할까요? 이미지로 사람의 마음을 움직이기 위해선 먼저 사람들이 왜 반응하지 않는지 그 이유를 잘 알아야 합니다. 사람들이 반응하지 않는 브랜드의 이미지에는 다음의 몇 가지 특징들이 있습니다.

함정 1. 이미지 부족: "사진 그게 뭐 중요한가요?"

브랜드만의 이미지 자체가 없거나, 중구난방의 이미지를 사용합니다.

→ 결과: 고객이 당신을 만나는 접점이 부족하면 브랜드를 기억하지 못합니다.

함정 2. 콘셉트 부족: "우리도 사진 잘 찍었어요."

수많은 브랜드와 비슷한 이미지일 뿐, 나답게 차별화를 만들지 못합니다.

→ 결과: 고객은 당신과 경쟁사를 구분하지 못합니다.

함정 3. 공감 부족: "우리 브랜드가 얼마나 좋은지 설명했는데…"

브랜드가 전하고 싶은 이야기만 있을 뿐 고객이 듣고 싶은 이야기는 없습니다.

→ 결과: 고객은 당신의 이야기를 듣지 않습니다.

함정 4. 트렌드 의존: "요즘 이게 대세니까 우리도 해야 하는 거 아니야?"

매번 그때그때 유행하는 트렌드에만 의존할 뿐입니다.

→ 결과: 트렌드가 지나면 또 잊힙니다.

함정 5. 일관성 부족: "이번 캠페인 잘 끝났는데, 이제 뭐 하지?"

한두 번의 화려한 캠페인은 가능하지만, 다음에 대한 계획이 없습니다.

→ 결과: 브랜드의 이야기가 끊기고, 고객의 기억에서도 쉽게 사라집니다.

이들에게 이미지는 그저 자신들의 브랜드를 표현하는 하나의 요소, 그 이상도 그 이하도 아닙니다. "이미 우리 사진이 있고, 홈페이지나 인스타에 우리를 잘 표현하고 있는데 뭐가 문제지?"라고 생각합니다. 하지만 현실에서 그들의 이미지는 사람의 마음을 움직이지 못하고, 여전히 일방적인 광고성 메시지만 외치고 있을 뿐입니다.

아이러니하게도 이들은 반응이 없는 이미지의 원인을 여전히 제대로 파악하지 못한 채 결과적으로는 좋은 성과를 원합니다. 그러다 보니 숫자와 성과에 집착할 수밖에 없습니다. 이들에게는 '조회수 100만, 팔로워 10만, 좋아요와 댓글 수천 개'가 중요합니다.

숫자는 달콤합니다. 조회수가 높으면 성공했다고 생각하고, 팔로워 수가 많으면 안심합니다. 하지만 그 숫자들이 곧 매출이나 브랜드의 팬으로 직결되는 것은 아닙니다. 숫자는 높지만, 브랜드에 대한 애정은 없고, 재미로 팔로우했지만, 금세 잊힙니다. 이것이 '바이럴의 함정'입니다. 조회수가 관심이 아니며, 팔로워가 내 팬이 아닐 수 있습니다. 좋아요가 반드시 구매로 이루어지지 않을 수 있고 바이럴이 브랜딩의 전부가 아닐 수 있습니다. 누군가의 마음을 움직이고 싶다면, 브랜드는 일방적으로 '주입'하는 것이 아니라 '듣고, 공감하고, 대화'해야 합니다. 멋지기만 한 이미지에서, 마음을 움직이는 이미지로. 브랜드가 말하는 방식은 이제 달라져야 합니다.

조회수 ≠ 관심
팔로워 ≠ 고객
좋아요 ≠ 구매
바이럴 ≠ 브랜딩

▍사람의 마음을 얻는 이미지란 무엇인가?

그렇다면 사람의 마음을 얻는 이미지는 무엇일까요?

많은 브랜드가 시간과 돈을 브랜딩에 투자합니다. 세련된 로고를 만들고, 감각적인 패키지를 디자인하고, 전문 사진작가를 고용해 제품 사진을 찍습니다. SNS 채널을 오픈하고, 브랜드 가이드를 제작하고, 멋진 콘텐츠를 올립니다. 그런데 아무도 반응하지 않습니다. 생각보다 내 뜻대로 흘러가지 않습니다. 도대체 무엇이 문제였을까요? 가장 중요한 것을 놓쳤기 때문입니다. 바로 '사람'입니다.

우리는 너무 쉽게 착각합니다. 로고 하나, 디자인 하나, 슬로건 하나로 쉽게 사람의 마음을 살 수 있다고 생각합니다. 하지만 사람은 그렇게 쉽게 움직이지 않습니다.

어느 날, 한 브랜드가 큰 비용을 들여 리브랜딩을 했습니다. 새 로고, 새 간판, 새 메뉴판, 새 인테리어. 모든 것이 세련되고 감각적으로 바뀌었습니다. "와, 예쁘다!" 처음 방문한 손님들은 감탄했습니다. 사진도 찍고, 인스타그램에도 올렸습니다. 하지만 그뿐이었습니다. 재방문은 없었고, 단골도 늘지 않았습니다. 매출은 리브랜딩 전과 크게 다르지 않았습니다. 왜 그랬을까요? 겉만 바꿨기 때문입니다. **겉을 바꾸면 순간의 감탄만 있지만, 속을 바꾸면 사람이 움직입니다.**

수많은 마케팅 서적과 브랜딩 이론서가 있습니다. 체계적인 프로세스가 있고, 검증된 방법론도 있습니다. 누군가의 성공 방정식이나 책에 나온 내용을 잘 따라 하면 모두 잘될 것 같습니다. 아쉽지만 현실은 그렇지 않습니다. 왜일까요? 이론에서는 사람 냄새가 나지 않기 때문입니다. 처음 브랜딩을 할 때는 화려한 꿈과 이상, 포부로 시작합니다. 수많은 돈과 에너지를 쏟아붓습니다. "나도 브랜딩에 이렇게 투자하고 있어. 그런데 왜 아무런 변화가 없을까?" 이론만으로는 부족합니다. 나의 브랜드와 함께하는 사람이 보여야 합니다.

브랜딩을 하다 보면 자꾸만 스스로에게 집중합니다. '우리 브랜드가 얼마나 좋은지', '우리 스토리가 얼마나 특별한지', '우리가 얼마나 노력했는지' 등등. 하지만 솔직히 사람들은 이런 이야기에 관심이 없습니다. 그들은 자신의 이야기에만 관심이 있습니다. 제가 좋아하는 비평학 용어 중에 '삶의 자리Sitz im Leben'라는 개념이 있습니다. 이 말은 누군가에게 이야기할 때 듣는 사람이 처한 구체적인 삶의 상황과 맥락을 의미합니다.

브랜딩에서도 마찬가지입니다. 내 브랜드의 사실보다 그들의 삶의 자리가 더 중요합니다. 내가 만날 사람이 누구인지? 그에게 어떤 문제가 있고 어디에 끌리는지? 함께 나눌 공감대가 있는지? 서로 얼마나 알아왔고 신뢰하는지? 어디에 모여

있는지? 바로 이런 사람들이 보여야 합니다.

이렇게 사람에게 관심을 두다 보면 나의 사실보다 그들의 삶의 자리가 더 중요하다고 느끼게 됩니다. 사람의 마음을 얻는 것은 바로 여기서부터 출발합니다. 그렇다면 여기서 이미지는 어떤 역할을 할까요? 이미지는 단순히 브랜드를 예쁘게 꾸며주는 장식이 아닙니다. 이미지는 '사람에 대한 이해'를 담아내는 그릇입니다. 로고만 바꾼다고, 겉만 있어 보이게 찍는다고 사람이 움직이지 않습니다. 그들의 삶의 자리에 들어가야 합니다. 그러기 위한 소통의 도구로 이미지만 한 것이 없습니다.

이미지는 누군가의 문제를 직간접적으로 해결해 줄 수 있고, 나만의 매력적인 모습으로 차별화할 수 있습니다. 또한 누군가와 함께 나눌 이야기를 전하고, 그 이야기를 통해 나와 함께하고 싶은 사람들을 모읍니다. 그리고 시간이 지나도 변하지 않는 메시지를 꾸준히 쌓아갈 수 있습니다. 이처럼 사람이 어떤 이미지에 반응하는지를 이해하고, 그 통찰을 바탕으로 브랜드의 이야기를 시각적으로 전달하여 공감과 행동을 끌어내는 것, 이것이 바로 **비주얼 브랜드텔링**입니다.

나이키는 운동화보다 땀 흘리며 달리는 선수들에게 집중하고, 스타벅스는 커피보다 커피와 함께하는 사람들의 일상을 꾸준히 포스팅하며, 에어비앤비가 숙소보다 그곳에서 경험하는 여행자들의 이야기에 주목하는 이유는 말이 아닌 이미지를 통해 사람의 마음을 얻기 위함입니다.

사람의 마음을 얻는 이미지는 순간이 아닌 관계를 만듭니다. 한 번의 클릭이 아니라 계속 머물고 싶게 이야기를 만드는 것입니다. 나도 모르는 사이에 조금씩 서서히 물들어 간다는 의미의 '시나브로'라는 말처럼, 사람의 마음을 움직이는 이미지는 누군가를 억지로 자극하지 않고 서서히 마음에 스며듭니다. 이 책에서는 그런 이미지에 관해 이야기하려고 합니다.

사람의 마음을 얻고 싶다면, 그들의 삶의 자리로 들어가야 한다.

같은 이미지라도 왜 어떤 이미지에는 반응하고,

어떤 이미지는 그냥 지나치는 걸까요?

우리는 여기서 '브랜드 이미지Brand Image'와 '브랜딩 이미지 Branding Image'라는 두 개념을 이해해 볼 필요가 있습니다. 먼저, 브랜드 이미지는 브랜드가 보여주고 싶은 것에만 집중합니다. 브랜드의 기본적인 정보를 제공하며 브랜드를 돋보이게 만드는 이미지들이죠.

반면, 브랜딩 이미지는 고객으로부터 시작되는 이야기에 집중합니다. 그들이 겪는 문제에 대한 공감, 고객의 마음을 움직이는 진정성을 담은 브랜드 여정을 전하는 이미지입니다. 브랜드 이미지는 사실Fact을 전달하고, 브랜딩 이미지는 맥락Context을 만듭니다. 사실만으로는 공감을 만들어낼 수 없습니다. 맥락이 있어야 마음이 움직입니다.

비주얼 브랜드텔링은 바로 이 차이를 이해하는 것에서 출발합니다. 이제 사람들은 '멋져 보이지만 낯선' 브랜드보다, '조금 서툴러도 진짜 같은' 브랜드에 끌립니다. 실제가 아닌 모델의 만들어진 가짜 스토리와 억지 감동은 이제 더 이상 통하지 않습니다. 실제로 최근 몇 년간 다양한 소비자 행동 연구 결과에 따르면, 소비자의 88%가 전통적인 광고보다 친구나 가족

브랜드 이미지	**VS**	브랜딩 이미지
브랜드가 일방적으로 만드는 이미지		고객이 참여해 만들어지는 이미지
완벽하게 연출된 이미지		있는 그대로의 현실적 이미지
제품과 서비스 중심적		사람과 경험 중심적
"우리가 최고입니다"		"당신의 문제를 해결해 드립니다"
판매에 집중		공감과 관계 구축에 집중
스튜디오에서 완벽하게 연출		실제 상황과 맥락 속에서 촬영

의 추천 및 실제 사용자 경험을 더 신뢰하며, 완벽하게 연출된 브랜드 이미지보다 사용자가 생성한 진정성 있는 콘텐츠에 더 강하게 반응한다고 합니다.[■]

　하지만 꼭 이 둘을 이분법적으로 나누어 한쪽만 선택해야 한다고 오해해선 안 됩니다. 브랜드 이미지와 브랜딩 이미지는 둘 다 역할이 있습니다. 브랜드의 기본적인 정보를 제공하는 '브랜드 이미지'는 여전히 필요합니다. 고객이 "이 브랜드가 뭘 하는 곳인지", "어떤 제품과 서비스를 제공하는지"를 명확하게 알 수 있는 기본적인 정보는 당연히 필요합니다. 아무리 콘셉트와 감성적인 스토리가 좋아도, 정작 브랜드가 무엇을 하는지 모르면 고객은 혼란스러워할 수 있습니다.

■ Nielsen, "Trust in Advertising Study," 2021; Stackla, "Bridging the Gap: Consumer & Marketing Perspectives on Content in the Digital Age," 2019.

　그리고 이러한 최소한의 충분한 브랜드 이미지의 정보 위에, 고객의 삶과 연결되는 맥락이 있어야 합니다. "왜 이 브랜드가 나의 문제를 해결해 줄 수 있는지", "이 브랜드와 함께하면 내 삶이 어떻게 달라질지", "이들에게는 그동안 어떤 고객들의 이야기가 있었는지"에 대한 스토리가 담겨야 합니다.

　이것이 브랜딩 이미지의 역할입니다.

　이제 브랜드를 말하는 방식은 바뀌고 있습니다. 광고에 지친 고객들은 일방적인 브랜드 이미지를 만나는 순간 스크롤을 넘깁니다. 반면 내가 관심 있고 공감할 수 있는 브랜딩 이미지의 이야기에 그들은 손가락을 멈추고, 귀를 기울이며, 적극적으로 반응합니다. 이미지가 내게 말을 걸어오면, 나도 모르게 그 이야기에 마음이 움직이게 됩니다. 같은 이미지라도 이 둘은 매우 큰 차이가 있습니다.

브랜드 이미지가 우리가 무엇을 하는지를 알리는 'What'에 관한 것이라면 브랜딩 이미지는 당신에게 우리가 왜 필요한지를 알리는 'Why'에 관한 것입니다. 비주얼 브랜드텔링의 역할은 바로 이 What과 Why의 균형을 통해 사람들이 움직이게 하는 행동Action을 이끄는 것입니다. 우리는 이 과정을 설계해 갈 것입니다.

여러분 브랜드의 이미지는 어떤가요? 아직도 일방적인 나의 이야기에만 집중되어 있지는 않나요? '우리가 얼마나 좋은지'만 보여주는 시대는 끝났습니다. 브랜드를 만나는 시간은 갈수록 짧아지고, 수많은 경쟁자들과 비슷하게 일방적인 방식으로 자신만의 이야기를 반복한다면 사람들은 우리에게 쉽게 마음을 열지 않을 겁니다. 그들의 마음을 움직일 수 있는 공감의 이야기로 말하는 것, 이것이 비주얼 브랜드텔링의 시작입니다.

브랜드 이미지 =
우리가 무엇을 하는가(WHAT)
브랜딩 이미지 =
우리가 왜 필요한가(WHY)

비주얼 브랜드텔링을 잘하는 브랜드들은 어떻게 이미지로 말하고 있을까요?

그들이 브랜드를 말하는 방식은 조금 다릅니다. 그들은 '제품'을 팔지 않습니다. '이야기'를 팝니다. 그리고 그 이야기는 모두 이미지로 시작됩니다. 다음의 몇 가지 예를 살펴볼까요?

스타벅스는 왜 자신들이 만든 고퀄리티 콘텐츠보다 고객들이 만든 릴스를 자신의 공식 계정에 올릴까? 

스타벅스의 인스타그램에는 브랜드가 직접 찍은 고퀄리티의 사진과 영상이 거의 없습니다. 대신 팬들이 만드는 쇼츠, 매장에서 일하는 파트너들의 이야기, 단골과의 에피소드까지 모든 것을 공유합니다. 그들은 고객이 올린 일상적인 사진을 리포스트하며 '당신이 바로 스타벅스의 일부'라는 메시지를 전합니다. 완벽한 광고 사진 대신 진짜 고객의 진짜 순간을 보여줍니다.

파타고니아는 왜 굳이 제주도에 가서 다큐를 찍을까? 그들은 왜 달리는 사람에 주목할까? 

파타고니아는 제주도에서 달리는 러너들의 이야기를 카메

라에 담았습니다. 환경을 생각하는 삶에 대한 그들의 철학과 가치를, 실제 자연과 더불어 살아가는 사람들의 이야기를 통해 리얼 다큐멘터리로 보여줍니다. 흥미로운 점은 다큐멘터리 내내 굳이 브랜드를 언급하지 않는다는 것입니다. 제품 광고가 아닌, 그들이 바라보는 세상에 대한 이야기를 들려줍니다. 죽어가는 제주도를 지키기 위한 러너들의 마음이 곧 파타고니아가 추구하는 가치임을 자연스럽게 전달합니다.

왜 애플의 인스타그램에는 제품에 대한 이미지가 단 한 개도 없을까?

애플의 인스타그램에는 흥미롭게도 제품 사진이 단 한 장도 없습니다. 대신 아이폰으로 찍은 전 세계 사용자들의 감각적인 사진들로 가득합니다. 프로 사진작가부터 평범한 일상의 순간까지, 다양한 사람들이 아이폰으로 포착한 아름다운 순간들을 공유합니다. 누구나 아이폰으로 멋진 사진을 찍는 크리에이터가 될 수 있다는 메시지를 전하며, 모든 사진에는 단 한마디만 있을 뿐입니다.

'#ShotoniPhone', 제품 스펙은 단 한 줄도 없습니다. 하지만 모든 사진이 곧 제품의 성능을 증명합니다.

세계에서 가장 많은 구독자를 가진 놀이동산 유튜브는 어딜까? 디즈니랜드? 유니버셜 스튜디오?

에버랜드가 운영하는 유튜브 채널의 구독자 수를 합하면 250만 명이 넘습니다. 디즈니랜드(199만), 유니버셜 스튜디오(38만)보다 많습니다. 그들은 어떻게 이렇게 많은 유튜브 구독자를 보유하게 되었을까요? 그들의 비결은 화려한 어트랙션 광고가 아니었습니다. 에버랜드를 이끌어가는 직원 '캐스트'와 판다 사육사들의 일상 이야기였습니다. 좋은 화질과 음질이 아니어도 사육사가 판다와 꽁냥꽁냥 노는 평범한 일상, 동물들을 돌보는 진심 어린 순간, 동물들의 귀여운 실수와 성장 과정의 '사람 냄새 나는' 콘텐츠는 팬들의 마음을 사로잡습니다.

이런 브랜드들의 이미지로 말하는 방식의 차이는 무엇일까요? 이들의 공통점은 사람의 마음을 움직이는 **진짜 이야기**를 선택했다는 것입니다. 비주얼 브랜드텔링은 브랜드의 진정성 있는 이야기를 시각적 언어로 전달하여 깊은 연결과 공감을 만들어내는 전략입니다. 단순히 보기 좋은 사진을 찍는 것이 아니라, 그들이 듣고 싶어 하는 이야기에 공감을 담은 시각 콘텐츠를 만들어가는 과정입니다.

비주얼 브랜드텔링은 다음의 몇 가지 특징이 있습니다.

첫째, 완벽하지 않아도 진짜여야 합니다. 고객은 브랜드의 완벽한 이미지가 아닌, 실제와 가까운 현실적 이미지에 반응합니다. 완벽한 광고 사진은 때로 너무 인위적이거나, 실제 인물이 아닌 모델이 흉내 내는 가상 고객의 모습에 쉽게 피로감을 느끼게 됩니다. 때론 브랜드가 실제 삶에서 어떻게 존재하는지 그대로 보여주는 용기가 필요합니다. 과장된 광고 이미지가 아닌 브랜드의 진짜 모습을 솔직하게 전달하는 것에 사람의 마음이 움직입니다.

둘째, 브랜드가 아닌 고객의 관점에서 보여줘야 합니다. 브랜드의 일방적인 입장과 관점이 아닌, 철저히 고객의 관점에서 이야기합니다. 브랜드가 해결하는 문제에 고객이 '이건 내 이야기다!'라고 반응할 수 있는 공감대를 공유합니다. '우리 제품 좋아요, 사주세요!'라고 말하기보다 '당신은 이런 순간을 경험해 본 적이 있나요?'라는 질문에서 자연스럽게 '저희가 그 문제를 해결해 드리겠습니다'라는 접근으로 가야 합니다.

셋째, 단순한 제품과 서비스가 아닌 맥락의 이야기를 담아야 합니다. 수많은 경쟁 브랜드에서 유일하게 나의 브랜드를 선택하려면 고객의 삶의 맥락을 고려한 이야기가 있어야 합니다. 제품과 기능의 차이보다 브랜드가 전하는 이야기의 차이가 사람의 마음을 움직입니다. 전혀 맥락 없는 스튜디오에서 잘 찍은 제품 사진보다, 브랜드가 어떻게 만들어지는지, 브랜드와 고객이 만들어가는 가치와 에피소드를 담은 이야기에 사람들은 더 잘 반응합니다.

넷째, 시각적 언어로 감정을 전달해야 합니다. 브랜딩은 이미지를 통해 정보를 전달하는 것이 아니라 고객의 감정을 통해 인지를 만들어가는 과정입니다. 이를 위해 스펙 중심의 브랜드 기능이나 장점을 설명하는 대신, 시각적 언어로 브랜드가 주는 느낌을 전달하는 것이 중요합니다. 고객은 결국 브랜드가 일으키는 감정으로 브랜드를 기억하기 때문입니다. 함께했을 때의 행복, 자부심, 설렘, 위로 등 브랜드를 통해 얻을 수 있는 감정을 시각화하면 사람들은 더 쉽게 마음을 엽니다.

사람이 모이는 브랜드에는 다 이유가 있습니다. 모두 고객의 마음에 공감과 감정을 일으키는 진정성 있는 '이야기'에 집중하기 때문입니다. 그리고 이미지를 통해 자기 브랜드만의 개성으로 그 이야기를 표현하며 '변화'를 만들어가고 있습니다. 이 변화는 단순한 마케팅 기교가 아닙니다. 사람의 마음이 모이고, 팬이 만들어지며, 브랜드가 오래 사랑받는 지속 가능한 변화입니다.

비주얼 브랜드텔링은
진정성 있는 이야기로
깊은 공감을 만들어내는
전략이다.

▎나의 브랜드 이미지 진단하기

그렇다면 이제 나의 브랜드 이미지를 한번 점검해 보겠습니다.

브랜드가 이미지를 활용하는 방식에 따라 어떤 브랜드는 사람을 모으고, 어떤 브랜드는 잊힙니다. 왜일까요? 그들이 이미지를 대하는 태도를 보면 그 답을 알 수 있습니다. 브랜드의 이미지 유형은 다음의 네 가지로 크게 나눌 수 있습니다.

'무색무취' 브랜드

비주얼도, 브랜딩도 부족해 시장에서 쉽게 잊히는 브랜드입니다. 디지털 시대에 적응하지 못하고 오프라인에만 의존하며, 고객에게 강한 인상을 남기지 못해 점차 브랜드 유지가 어려워지면서 소멸하는 경우가 많습니다. 제품과 서비스는 있지만 브랜드 이미지와 소통 방식이 없어 고객에게 각인되지 못합니다.

'광고형' 브랜드

화려하고 트렌디한 광고와 비주얼로 주목받지만, 고객의 공감과 지속적 신뢰를 얻지 못하는 브랜드입니다. 단기적 성과와 노출에는 성공하지만, 지속 가능한 팬덤과 충성 고객을 만드는 데 실패하는 경우가 있습니다. 대규모 마케팅과 광고로 일시적 관심은 받지만, ‘왜 이 브랜드여야 하는지’에 대한 설득력이 부족합니다. 대형 브랜드들이 흔히 이런 유형에 속합니다. 많은 광고 경험과 예산을 가지고 있지만, 아쉽게도 고객과의 관계를 깊게 만드는 단계까지는 이르지 못합니다.

‘팬덤’ 브랜드

뛰어난 소통 능력과 팬덤을 보유하지만 비주얼 브랜딩은 조금 아쉬운 브랜드입니다. 고객과의 관계와 이해는 뛰어나지만, 브랜드의 이미지와 디자인이 체계적이지 않아 장기적 성장에 한계가 있습니다. 활발한 SNS 활동과 친근함으로 사람은 모으지만, 비주얼 브랜드 아이덴티티가 부족한 경우가 많습니다. 유튜버나 크리에이터에서 비롯된 브랜드들이 여기에 주로 속합니다. 그들의 콘텐츠에서 파생된 탄탄한 팬덤을 바탕으로 브랜드를 키워왔지만, 장기적인 미래에서 지속 가능한 비주얼 전략에 아직까지 아쉬움이 많은 브랜드입니다.

‘비주얼 브랜드텔링’ 브랜드

스토리, 공감, 디자인, 일관성을 모두 갖춘 이상적인 브랜드입니다. 사람들의 마음을 움직이는 비주얼 언어로 자신만의 이야기를 전달하며, 충성도 높은 팬덤과 지속적인 성장을 이루어내는 것에 익숙합니다. 단순한 비주얼이 아니라 브랜드 철학을 담아내며 사람을 모으는 브랜드가 여기에 속합니다. 이들은 대부분 자신들만의 브랜드 철학과 비주얼 전략을 가지고 사람들의 마음을 모으며 꾸준히 성장해 가는 이상적인 방향으로 가고 있습니다. 이 책이 지향하는 방향이기도 합니다.

여러분의 브랜드는 이 중 어디에 속할까요? 질문을 한번 바꿔보겠습니다. 여러분의 브랜드는 어디로 가고 싶은가요? 현재의 위치는 한계가 아닌 시작점입니다. 아직 아무런 체계가 잡혀 있지 않은 무색무취형이라면 이제부터 비주얼 브랜드텔링을 설계해 가면 됩니다. 기존의 광고에만 의존하던 브랜드는 공감의 영역을 확대하여 진정성 있는 이야기를 더해 신뢰받는 브랜드가 될 수 있고, 팬덤 브랜드는 체계적인 비주얼 전략으로 구축하여 지속 가능한 브랜드의 미래를 설계하면 됩니다.

중요한 것은 내 브랜드의 현재 모습에 관한 객관적 판단입니다. 내 브랜드가 비주얼 브랜딩 요소가 전무한 무색무취 브랜드인지, 화려하고 일방적인 마케팅에만 의존하는 광고형 브랜드인지, 고객들과의 소통은 좋지만 일관적인 비주얼 전략이 부족한 팬덤 브랜드인지, 브랜드의 공감을 담은 이야기와 비주얼 전략의 균형을 잘 갖춘 비주얼 브랜드텔링형 브랜드인지 스

브랜드 유형 분류 매트릭스
당신의 브랜드는 어디에 위치하나요?

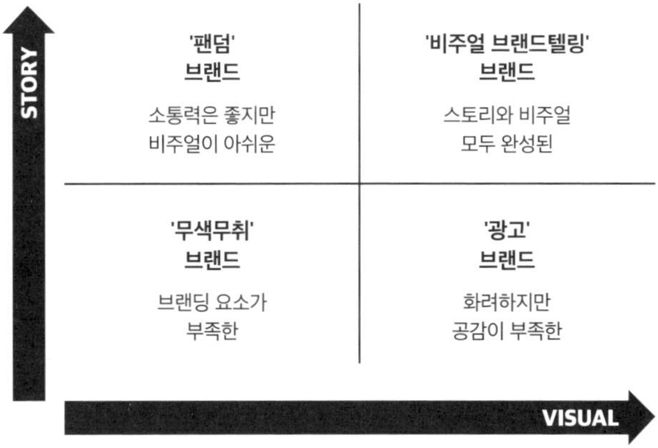

STORY

'팬덤'
브랜드

소통력은 좋지만
비주얼이 아쉬운

'비주얼 브랜드텔링'
브랜드

스토리와 비주얼
모두 완성된

'무색무취'
브랜드

브랜딩 요소가
부족한

'광고'
브랜드

화려하지만
공감이 부족한

VISUAL

스로 점검해 볼 필요가 있습니다. 이 진단에 대한 답변이 곧 내 브랜드의 현주소입니다. 그리고 그 현주소를 아는 것이 변화의 시작입니다. 그러한 면에서 먼저 간단히 아래의 질문들을 스스로 체크해 보면 좋을 것 같습니다. 이 질문들에 확실한 답을 가지고 있다면 이미 여러분은 훌륭한 비주얼 브랜드텔러의 기초를 쌓아놓은 것입니다.

내 브랜드는 어떤 유형인가요? 다음 질문에 답해보세요.

- 내 이미지를 주로 누가 보는지 알고 있나요?

- 이미지에 브랜드의 일관된 시각적 스타일을 유지하고 있나요?

- 로고를 가리더라도 사람들이 내 이미지를 알아볼 수 있나요?

- 다른 이들과 차별화할 수 있는 나만의 이야기가 있나요?

- 고객들이 자발적으로 내 브랜드를 찍어서 SNS에 올리나요?

- 나의 콘텐츠는 일관된 스토리를 전달하나요, 아니면 매번 다른 이야기인가요?

- 사람들이 쉽게 기억하는 나만의 비주얼 콘텐츠가 있나요?

- 꾸준히 브랜드의 여정을 이미지로 기록하고 있나요?

▎마음을 움직이는 이미지의 다섯 가지 비밀

지금까지 우리는 '왜'에 대한 답을 찾았습니다.

왜 이미지가 브랜드의 운명을 결정하는지, 왜 사람들은 내 이미지에 반응하지 않는지, 왜 멋진 이미지만으로는 부족한지, 왜 '브랜드 이미지'와 '브랜딩 이미지'를 구분해야 하는지, 나의 현재 주소는 어디인지, 그리고 이제 한 가지 질문만 남았습니다. "그래서, 어떻게 해야 할까?"

하루에도 수백 장의 이미지를 스쳐 지나갑니다. 그중 사람의 마음을 멈추게 하고, 기억에 남게 하고, 행동으로 이어지게 하는 이미지는 많지 않습니다. 같은 제품, 같은 서비스인데 어떤 브랜드는 사람이 줄을 서고 어떤 브랜드는 아무도 찾지 않습니다. 같은 인스타그램, 같은 유튜브인데 어떤 브랜드는 팬들이 알아서 콘텐츠를 만들어주고 어떤 브랜드는 광고비만 태우고 있습니다. 같은 스토리, 같은 진정성을 담았다고 하는데 어떤 브랜드는 10년째 사랑받고 어떤 브랜드는 3개월 만에 잊힙니다. 도대체 무엇이 이러한 차이를 만들까요?

이 질문에 대한 답이 바로 이 책을 쓴 이유입니다. 이제부터 우리는 구체적으로 이미지를 통해서 어떻게 나의 브랜드 이야기로 사람의 눈과 마음을 움직일 수 있는지 살펴보게 될 것입니다. 사람들이 모이고 열광하는 브랜드의 이미지에는 모두 그 안에 이유가 있습니다.

앞서 브랜딩이 마음의 문을 여는 일이라면, 이미지는 그 문을 여는 첫 번째 열쇠라고 했습니다. 하지만 열쇠는 아무렇게나 꽂는다고 돌아가지 않습니다. 정확한 홈에, 정확한 각도로 돌려야 문이 열립니다. 사람들이 모이고 열광하는 브랜드의 이미지에는 모두 그 안에 이유가 있습니다. 우연히 잘된 것이 아닙니다. 그들은 보이지 않는 자신들만의 비주얼 브랜드텔링을 설계했습니다. 그 원리를 알아야 합니다. 저는 이것을 비주얼 브랜드텔링의 다섯 가지 요소로 정리했습니다. 사람의 마음을 사로잡는 브랜드의 이미지에는 다음의 다섯 가지 원리가 숨어 있습니다.

욕망Desire : 사람은 무엇에 반응하는가?

이미지는 감정의 언어입니다. 사람들은 정보에 반응하지 않습니다. 그들의 결핍, 그들의 욕망, 그들의 감정에 반응합니다. '이건 내 이야기야'라고 느껴지는 순간, 시선은 멈추고 마음이 반응합니다. 보는 순간 '갖고 싶다', '가보고 싶다', '경험하고 싶다'는 본능적 욕구를 자극하는 것. 배고픔, 그리움, 설렘, 향수. 이런 근본적인 욕망을 건드리는 이미지는 순간적으로 사람들의 시선을 멈추게 합니다.

스타일Style : 어떻게 매력적으로 보일까?

이미지는 눈으로 이야기를 전합니다. 보이는 방식이 곧 인식의 언어입니다. 나의 브랜드를 어떤 메시지, 빛, 컬러, 구도로 보여주느냐에 따라 사람의 인식이 달라집니다. 스타일은 '예쁨'이 아니라 인지의 디자인입니다. 수많은 브랜드 중에서 단번에 알아볼 수 있는 나만의 스타일. 색감, 구도, 톤앤매너가 일관되게 유지되어 로고 없이도 '아, 이건 그 브랜드구나'라고 각인되는 시각적 정체성을 만들어야 합니다.

스토리Story : 어떻게 다르게 이야기할까?

수많은 브랜드 중에서 어떻게 나만의 차별화를 만들 수 있을까요? 좋은 스토리는 사람을 억지로 설득하지 않습니다. 대신 기억 속에 남습니다. 스토리에는 공감, 가치, 신뢰, 공유의 속성이 있습니다. 수많은 가짜가 난무하는 세상에서 진심이 담긴 진짜 이야기는 시간이 지나도 잊히지 않습니다. 만드는 사람들의 진심, 고객들과의 에피소드, 실패와 도전의 순간들. 그속에 담긴 진정성에 사람들은 마음을 엽니다. 완벽한 연출이 아닌 진짜 변화의 순간들이 사람을 기억하게 만듭니다.

공명Resonance : 어떻게 공명하는 팬을 만들까?

이제 이미지는 보는 것에서 경험하는 것으로 진화했습니다. 광고는 잊히지만, 경험은 남습니다. 나와 같은 사람과 경험을 이미지로 나눠야 합니다. 공감은 전염되고, 진심은 파급됩니다. 브랜드가 사람의 마음과 공명할 때, 그들은 '고객'이 아니라 '팬'이 됩니다. 일방적인 메시지가 아닌, 함께 소통하고 교감하는 이미지로 팬덤을 형성해야 합니다. 그래야 그들이 스스로 브랜드의 이야기를 자신의 이야기처럼 공유하고 전파하게 됩니다. 나의 팬이 전하는 이야기는 브랜드가 전하는 이야기보다 더 강력합니다.

일관성Consistency : 어떻게 오래갈 수 있을까?

트렌드는 변해도 오래 기억되는 브랜드가 있습니다. 일시적인 관심이 아닌, 시간이 지날수록 더 큰 가치를 발휘하는 비주얼 레거시legacy를 꾸준히 만들어야 합니다. 비주얼 전략이 구축되면 브랜드의 핵심 가치와 철학이 모든 이미지에 일관되게 반영되어야 합니다. 시간이 지나도 변하지 않는 브랜드의 본질을 구성하는 시각적 콘셉트가 중요합니다. 트렌드는 변할 수 있지만 흔들리지 않는 코어를 가지고 일관성 있게 브랜드의 이미지를 꾸준히 아카이빙하면 오래가는 브랜드가 될 수 있습니다.

이 다섯 가지 요소는 독립적인 것이 아니라 서로 긴밀하게 연결되어 있습니다. 욕망이 사람들의 시선을 사로잡고, 브랜드만의 독특한 스타일이 그들의 호감을 이끕니다. 여기에 진정성 있는 스토리가 더해지면 단순한 호감이 공감으로 발전하고, 나를 지지하는 팬이 만들어집니다. 그리고 일관되게 나의 브랜드 레거시를 쌓아가면 오래가는 브랜드가 됩니다. 하나의 원리가 다른 원리를 끌어내고, 그 다른 원리들이 다시 모여 변화를 만들어냅니다. 마치 도미노처럼 자연스럽게 이어지며 브랜드의 성장을 이끄는 것입니다. 이 선순환의 구조를 꾸준히 설계해 나가는 것이 **비주얼 브랜드텔링의 핵심**입니다.

놀라운 것은 이 원리들이 브랜드의 규모나 업종과 관계없이 동일하게 작동한다는 점입니다. 저는 지금까지 이 원리들이 작은 한 개인에서부터 소상공인, 스몰브랜드, 기업이나 정부에게도 자기다운 변화를 만들어가는 것을 경험했습니다.

여러분의 브랜드도 이 다섯 가지 요소를 잘 적용한다면 크고 작은 변화를 경험할 것입니다. 사람이 모여들고, 경쟁자와 차별점이 생기고, 팬들이 알아서 나를 이야기하고, 그 이야기가 다른 누군가에게 기하급수적으로 전파될 것입니다.

이제부터 구체적으로 각 요소를 하나씩 자세히 들여다보겠습니다. 그전에 먼저, 사진과 영상을 잘 찍어야 한다는 부담은 잠시 내려놓으시길 바랍니다. 중요한 건 단순히 사진을 잘 찍는 것이 아니라 사람을 이해하는 안목입니다. 기술보다 중요한 것은 통찰입니다. 완벽한 촬영 장비보다 중요한 것은 마음을 읽는 눈입니다. 화려한 편집 기술보다 중요한 것은 진정성 있는 이야기입니다.

1장
사람을 움직이는 이미지의 비밀

비주얼 브랜드텔링의 선순환

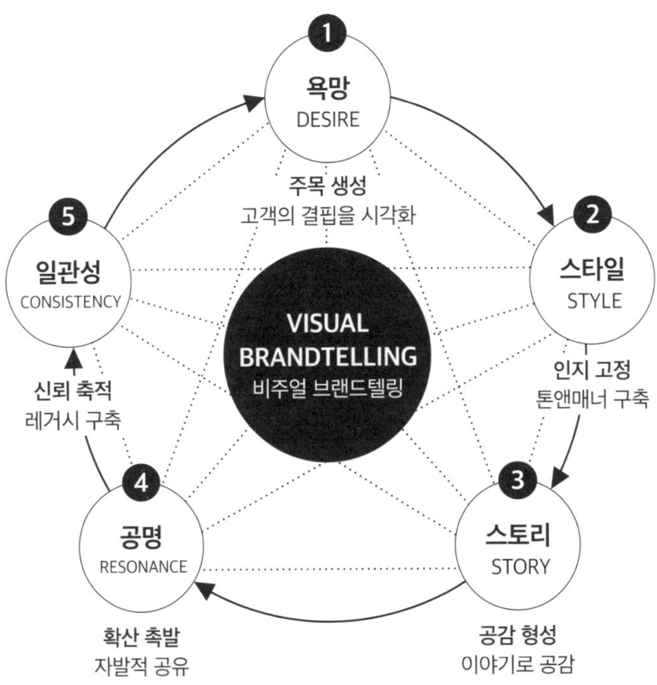

1
욕망
DESIRE
주목 생성
고객의 결핍을 시각화
2
스타일
STYLE
인지 고정
톤앤매너 구축
VISUAL
BRANDTELLING
비주얼 브랜드텔링
5
일관성
CONSISTENCY
신뢰 축적
레거시 구축
3
스토리
STORY
공감 형성
이야기로 공감
4
공명
RESONANCE
확산 촉발
자발적 공유

PART

비주얼
브랜드
다섯 가지

2

텔링의 요소

2장

욕망

사람은 무엇에 반응하는가?

DESIRE

우리는 하루에도 수백 번 화면을 스크롤합니다.

그러다 어느 순간 이상하게도 어떤 이미지 앞에서만 손가락이 멈춥니다. 그 순간을 기억해 볼 때, 왜 하필 그 이미지였을까요? 손가락이 멈춰 클릭하는 순간 뇌는 이미 결정을 내렸습니다. '이건 봐야겠다!' 우리는 왜 특정 이미지에 이렇게 반응하게 될까요?

그 답은 인간의 '**본능적 욕망**'에 있습니다. 우리의 뇌는 복잡한 설명보다 욕망에 즉각적으로 반응합니다. 인스타그램에서 상대적으로 '좋아요'를 많이 받는 이미지는 '맛있어 보이는 음식 사진', '귀여운 동물 사진', '매력적인 이성 사진', '감성적인 여행 사진'입니다.

이런 이미지가 다른 것에 비해 평균 두세 배 높은 반응을 얻는 것은 우연이 아닙니다. 바로 사람의 뇌가 무의식적으로 반응하기 때문이죠.

그렇다면 브랜드는 어떨까요? 한 가지 재미있는 조사를 해보았습니다. 글로벌 브랜드 컨설팅 업체인 '인터브랜드Interbrand'가 실시한 브랜드 가치 순위 조사를 보면 애플, 마이크로소프트, 구글, 아마존, 삼성 같은 브랜드가 상위 5위권입니다. 그렇다면 인스타그램에서도 같은 결과일까요?

흥미롭게도, 결과는 달랐습니다. 인스타그램에서 주로 많은 팔로워를 보유한 브랜드는 샤넬(5,978만 명), 루이비통(5,593만 명), BMW(4,304만 명), 메르세데스 벤츠(3,924만 명) 같은 럭셔리 브랜드였습니다. 왜 사람들은 이들 브랜드에 유독 더 많이 모일까요?

답은 간단합니다. 이들은 모두 욕망을 시각화하기에 적합한 브랜드이기 때문입니다. 사람들이 유독 쉽게 반응하는 이미지는 모두 본능적 욕망이 반영되어 있습니다. 프로이트Sigmund Freud는 사람은 본능적으로 '쾌락 원리'에 따라 작동한다고 했죠. 식욕, 성욕, 소유욕, 성취욕 등 인간의 본능적인 욕망에 호소하는 이미지는 우리의 뇌를 자극하는 시각적 스위치가 됩니다.

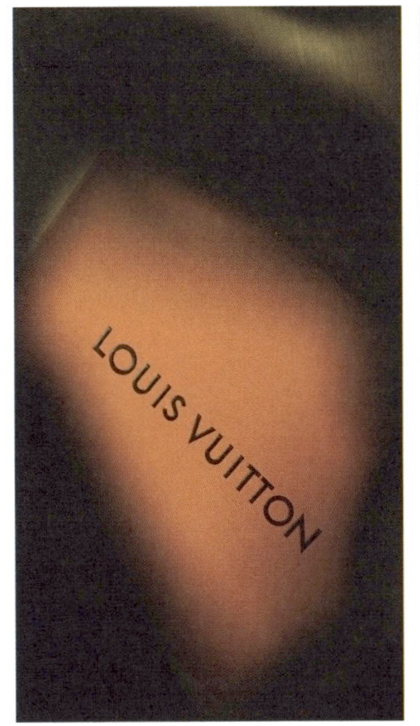

사람들이 유독 쉽게 반응하는 이미지는
모두 본능적 욕망이 반영되어 있기 마련이다.

출처: Unsplash

사람의 뇌에 대해서 좀 더 이야기해 볼까요? 사람의 뇌는 첫인상에 크게 좌우됩니다. 소개팅에서 상대의 얼굴을 보는 순간 호감을 직감하듯, 브랜드 이미지도 마찬가지로 본능적인 첫인상이 큰 영향을 줍니다. 첫인상에서 우리 뇌의 **단기 기억**Short term Memory 시스템은 시각 정보를 20~30초 정도만 보관합니다. 이때 결정적인 것은 '시각적 임팩트'입니다. 뇌는 무의미한 정보는 즉시 삭제하고, 강한 인상을 주는 정보만 **장기 기억**Long term Memory 으로 전환합니다. 하루에도 수많은 이미지와 숏폼을 보면서도 모든 게 기억나지 않는 이유가 여기에 있습니다. 브랜드도 마찬가지로 이미지가 충분한 시각적 임팩트와 자극이 없다면 고객의 기억 속에서 오래 머무르지 못하게 됩니다.

그러면 기억이 되는 이미지는 어떻게 만들 수 있을까요?

욕망을 시각화하면 사람은 거의 본능적으로 반응합니다. 사람의 본능은 '필요한 것Needs'이 아닌 '원하는 것Wants'에 움직입니다. 브랜딩에서도 매우 비슷한 일이 일어나죠. 굳이 필요하지 않아도 내가 원하는 것이라면 비이성적으로 지갑을 여는 이유도 이와 같습니다. 사람은 어떤 '욕구'가 있을 때, 그것을 자극하는 이미지를 보면 거의 통제하기 어려울 정도로 반응합니다. 욕망의 영역은 이성의 통제를 받지 않기 때문이죠. 대니얼 카너먼Daniel Kahneman은 그의 저서 《생각에 관한 생각Thinking, Fast and Slow≫에서 인간의 사고 체계를 두 가지로 설명합니다.

시스템 1: 빠르고, 본능적이며, 감정적인 판단
시스템 2: 느리고, 논리적이며, 분석적인 판단

우리의 소비 행동을 떠올려 보면, 실제로 본능과 감성 중심의 시스템 1이 더 자주 발동한다는 것을 쉽게 알 수 있습니다. 자세하고 이성적인 설명보다, '이거 너무 예쁘다, 살까?'라는 욕망을 자극하는 이미지에 더 쉽게 마음이 움직이게 됩니다. 수많은 섬네일이 넘쳐나는 유튜브, 1초 만에 스킵하는 쇼츠나 인스타그램 이미지들 속에서 살아남으려면, '욕망'에 호소하는 강력한 원 컷이 필요합니다.

그러나 의외로 많은 브랜드가 여전히 논리적·이성적 설명에 많은 시간을 쏟습니다. 제품 스펙과 복잡한 기능을 장황하게 이야기하거나, 길고 긴 브랜드의 철학을 텍스트로 풀어놓습니다. 물론 제품 설명이나 브랜드 철학도 중요하지만, 첫 1초 안에 사람을 끌어당기는 것은 '이성'이 아닌 '본능적 욕망'입니다.

'욕망'을 시각화하면 사람은 거의 본능적으로 반응한다.

▍욕망과 결핍의 비주얼 브랜드텔링

그렇다면 사람들이 반응하게 하는 욕망을 어디서부터 찾아야 할까요?

인간의 모든 욕망은 결핍에서 비롯됩니다. 우리는 살면서 끊임없이 '무언가가 부족하다'라고 느낍니다. 배가 고프면 '먹방'에 자연스럽게 눈이 가고, 외로우면 연애 리얼리티 쇼에 몰입하며, 더 나은 모습이 되고 싶으면 패션, 뷰티, 성공의 이미지를 보며 '나도 저렇게 되고 싶다'고 느낍니다.

결핍은 욕망을 부르고, 욕망은 행동으로 이어집니다. 바로 이 욕망과 결핍의 상관관계를 이해하는 것이 비주얼 브랜드텔링의 시작입니다. 결국 우리가 보여주는 비주얼이 고객의 결핍을 제대로 짚어줄 때, '어? 이거면 내가 원하는 걸 채울 수 있겠다!'라는 반사적 반응이 일어나게 됩니다.

사람에게는 기본적인 욕망이 있습니다. 대표적으로 인간의 욕구를 정리한 것이 '매슬로의 5단계의 욕구 이론'이죠. 그는 인간의 욕망을 다음과 같이 정의합니다.

- 생리적 욕구: 생존에 필요한 기본적인 욕구.
- 안전 욕구: 안전을 보장받고 싶은 욕구.
- 애정·소속 욕구: 소속감을 느끼고, 친밀함을 갈망하는 욕구.

- 존중 욕구: 존중하고, 존경받고 싶어 하는 명예·성취 욕구.
- 자아실현 욕구: 의미 있는 삶을 살고 싶은 욕구.

결핍과 욕망은 반드시 함께 가게 되어 있습니다.

우리는 바로 이 점을 파고들어야 합니다. 결핍과 욕망의 해결 구조를 시각화하는 것이죠. 아무리 "우리 제품 좋습니다"를 말해도, 사람들에게 '내 문제(결핍)를 해결해 줄 것 같다'라는 이미지가 없다면, 본능적 끌림이 일어나지 않습니다. 많은 브랜드가 간과하는 것이 바로 이 부분입니다. 자신의 브랜드에 취해서 정작 고객의 결핍에 대한 브랜드텔링을 제대로 다루지 않습니다. 결핍과 욕망의 시각 논리는 간단합니다. 결핍과 반대되는 욕망을 대조하면 됩니다.

'결핍 → 해결' 구조를 시각적으로 보여주면, 사람은 '저게 내가 찾는 거야!'라고 본능적으로 인지합니다. 결핍을 채워줄 이미지를 만나면 우리는 이성보다 빠르게 반응합니다. 욕망의 비주얼 브랜드텔링은 '결핍 → 욕망 → 행동'의 구조를 시각적으로 잘 보여주는 것에서 시작합니다. 단순히 논리적으로 설득하는 것이 아니라, 한 장의 이미지만으로도 '이 브랜드가 내 문제를 해결해 주겠구나'라는 본능적 확신을 심어주는 것이 핵심입니다.

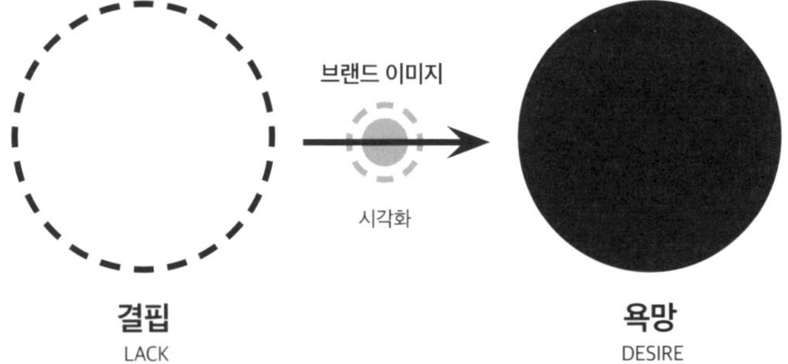

브랜드 이미지
시각화
결핍
LACK
욕망
DESIRE

여러분의 브랜드 이미지는 어떤 결핍을 채워주고 있나요?
그 결핍의 해결을 말로 설명하지 말고 이미지로 보여주세요.
상대의 결핍을 정확히 짚고, 그 결핍이 해결된 모습을 시각화
하면 사람들은 멈추고, 클릭하고, 반응할 것입니다.

'욕망'과 '결핍'의 상관관계를 이해하는 것이 비주얼 브랜드텔링의 시작이다.

▎문제해결력을 눈으로 보여줘야 하는 이유

모든 브랜딩은 '문제해결'에서 출발합니다.

상대의 욕망을 파악했다면, 이제 그 결핍을 어떻게 해결하는지를 보여줄 차례입니다. 브랜드를 길게 설명하기보다, 눈으로 해결된 결과를 보여주면 사람은 반응합니다. 사람들이 쉽게 반응하는 이미지들은 하나같이 문제해결력을 명확히 보여주고 있습니다.

사람들은 흔히 이렇게 말합니다. "잘 찍은 사진이면 당연히 반응이 좋겠지." 그렇다면 인스타그램의 모든 인플루언서는 전문 사진작가여야 할 겁니다. 하지만 현실은 다릅니다. 꼭 멋진 이미지가 아니라도 사람들이 모이는 경우가 많습니다. 대신 이들이 클릭하는 이미지는 그들이 가진 문제를 해결해 주는 이미지들입니다. 결핍이 채워지는 순간을 보여주면, 사진의 품질이 완벽하지 않아도 사람은 반응합니다. 사람들이 쉽게 반응하는 이미지를 보면 다음과 같은 특징이 있습니다.

🍴 원초적인 욕망에 반응한다

- 문제: 배고픔, 소유 욕구, 안정감의 부재

- 해결: 인간의 가장 기본적인 욕구를 충족시키는 이미지

인간의 가장 기본적인 욕구, 식욕, 소유욕, 성욕 등, 이런 기

본적인 욕구를 자극하는 이미지는 거의 본능적으로 우리의 주의를 끕니다. 맛있어 보이는 음식 사진, 가보고 싶은 여행지, 갖고 싶은 제품, 이런 이미지들이 가장 많은 '좋아요'를 받는 이유는 그것이 우리 안의 결핍을 자극하기 때문입니다.

🧠 공감할 때 반응한다

- 문제: "나만 이런가?" 하는 외로움과 단절감

- 해결: "나도 그래!" 하는 연결감을 주는 이미지

우리는 자신과 비슷한 상황, 가치관, 취향을 가진 이야기에 자연스럽게 끌립니다. 반려동물을 키우는 사람들은 다른 반려동물 콘텐츠에, 패션을 좋아하는 사람은 매력적인 스타일에, 육아맘은 아이와 관련된 이야기에 더 강하게 반응합니다. 상대방이 '맞아, 이거 내 이야기야!'라고 느낄 때 그들은 클릭합니다. 무조건 잘 찍은 사진보다 '공감의 순간'을 포착한 어설퍼 보이는 사진에 사람들은 더 쉽게 마음을 열 수 있습니다.

💡 유용한 정보에 반응한다

- 문제: "어떻게 해야 하지?" 하는 막막함, 늘 필요하던 것들

- 해결: 실용적 가치를 담은 이미지

정보는 가치입니다. 소셜 미디어를 사용하는 많은 사람이

단순히 시간을 때우는 것이 아니라, 유용한 정보를 얻기 위해 플랫폼을 방문합니다. 맛집 정보, 여행 팁, 인테리어 아이디어, 패션 코디법. 이런 정보가 담긴 사진은 사람들이 저장하고 다시 찾아보게 만듭니다. 정보를 담은 사진은 저장과 공유 확률이 매우 높습니다.

🎉 흥미와 재미에 반응한다

- 문제: 반복되는 일상의 무료함

- 해결: 순간의 재미와 흥미를 주는 이미지

매일의 일상에 사람들은 본능적으로 재미있는 것, 흥미로운 것을 찾습니다. 숏폼 콘텐츠의 폭발적 성장이 이를 증명하죠. 틱톡 대부분의 영상이 유머나 챌린지 등 흥미로운 요소인 이유도 사람들의 클릭률과 공유율이 훨씬 높기 때문입니다. 영화나 드라마의 재미있는 요약 명장면, 요즘 등장하기 시작한 실제로 볼 수 없는 상상력을 동원한 AI 이미지. 이런 콘텐츠는 사람들이 자연스럽게 클릭하고 타인과 공유하고 싶어 하는 마음을 불러일으킵니다. 재미있으니까요.

👥 경험에 반응한다

- 문제: "정말 효과가 있을까?" 하는 의심

- 해결: 진짜 경험을 보여주는 이미지

브랜드의 고객들은 제품 자체보다 그 제품을 통해 얻을 수 있는 경험에 더 가치를 둡니다. 우리가 온라인 쇼핑을 할 때 가장 먼저 확인하는 것이 바로 '실제 구매자의 리뷰'인 것처럼, 진짜 사용자의 경험이 담긴 이미지는 강력한 신뢰와 공감을 형성합니다. 화려한 광고 사진보다 실제 사용 장면, 비하인드 스토리, 과정의 기록이 더 많은 반응을 얻는 이유가 여기에 있습니다. 완벽하게 세팅된 광고 사진보다, '이 제품이 어떻게 만들어지는지', '사람들이 이걸 어떻게 사용하는지'와 같이 브랜드의 경험이 담긴 이미지는 항상 강한 반응을 얻습니다.

이 다섯 가지는 모두 **문제해결력**의 다른 얼굴입니다. 누군가의 욕망을 채우거나, 감정적으로 공감하거나, 불편함을 줄이거나, 지루함을 덜어주거나, 새로운 경험을 제안하는 것. 이 모든 것은 결국 사람의 문제를 해결하는 일입니다.

이미지를 만들 때 먼저 이렇게 질문해 보시기 바랍니다.

"이 이미지는 누구의 어떤 문제를 해결하고 있을까?"

이 질문에 대한 답을 모른 채 여전히 멋진 이미지만 고집하고 있다면, 이제, 내 이미지를 보는 이들에 대해 깊은 이해와 공감에 관심을 가져보시길 권합니다. 그들이 무엇에 반응하는지, 어떤 결핍을 가지고 있는지, 어떤 순간에 손가락이 멈추는지를 관찰하세요. 비주얼 브랜드텔링은 내가 아닌 '그들의 문제'에서 시작됩니다. 문제가 보이면, 해결도 보입니다. 해결이 보이면, 이미지도 보입니다. 이미지가 보이면, 사람이 모입니다.

욕망, 공감, 정보, 재미, 경험의 문제를 해결하는 걸 보여주면 대부분의 사람은 반응한다.

▎실패하지 않는 BEFORE-AFTER 이미지

문제해결을 보여줄 때는 확실하게 보여줘야 합니다.

이것을 가장 직관적으로 보여주는 방법은 바로 **BEFORE-AFTER 전략**입니다. 한번 생각해 보죠. 사람들이 나의 브랜드를 만나고 어떤 변화를 경험하였나요? 만일 여러분을 통해 누군가의 문제가 해결되었다면 그것을 눈으로 직접 보여줘야 합니다.

결핍(현재 문제)과 욕망(이상적 상태)을 시각적으로 대조하면 사람들은 대부분 '아, 나도 저렇게 변하고 싶다!'라는 본능적 끌림을 느끼게 됩니다. 단순히 '저희가 잘해드립니다'라는 설명이 아니라, 지금의 문제(결핍)를 보여주고, 원하는 모습(욕망)의 결과를 전후 이미지로 보여줘야 합니다. 이런 이미지를 보면 누구나 직관적으로 '아, 이렇게 달라지는구나!'를 이해하고, '이 브랜드라면 내 문제를 해결해 줄 수 있겠다'라는 믿음을 갖게 됩니다.

BEFORE-AFTER 전략이 강력한 브랜드텔링이 되는 이유는 사람의 뇌는 복잡한 설명보다 시각적 비교를 훨씬 빠르게 처리하기 때문입니다. 긴 텍스트로 "우리 서비스의 효과는…"이라고 주저리주저리 설명하는 것보다, 변화된 모습을 한눈에 보여주는 것이 훨씬 강력합니다.

감정적 몰입의 전후 이미지는 단순한 정보 전달을 넘어 감정을 자극합니다. BEFORE 상태에서는 '나도 저런 문제가 있어'라는 공감을, AFTER 상태에서는 '나도 저렇게 되고 싶어'라는 욕망을 동시에 불러일으키게 되죠. 이렇게 변화의 과정을 직관적으로 보여주는 것은 브랜드의 약속이 허언이 아니라는 것을 증명하는 효과를 만들어낼 수 있고, 고객은 좀 더 브랜드를 신뢰할 수 있습니다.

재미있는 예로 추성훈 님의 유튜브 채널이 난리 난 적이 있었습니다. 아내 야노 시호 님에게 허락 없이 어질러진 일본 집을 공개했다고 엄청 혼이 난 것이죠. 이 영상이 공개된 후에 미소MISO라는 브랜드가 광고를 제안했습니다. 얼마 후 다음 편 영상이 공개되었는데, 그 영상에서는 깨끗하게 청소한 집을 보여주는 에피소드였습니다.

이미 1,000만명이
집청소를 맡기고 있어요

아이가 사는 집

출처: 미소 브랜드
소개페이지

그들은 정리가 안 된 집 때문에 아내에게 혼이 난 흥미로운 스토리텔링을 자신의 브랜드를 어필할 좋은 기회로 빠르게 포착했습니다. 정리되지 않은 집을 정리해 주는 자신들의 문제해결력을 수많은 사람이 보는 채널에서 제대로 선보인 것입니다. 영상에는 역시나 정리 전, 정리 후의 비교 이미지가 등장했습니다. 이러한 접근이 흥미로워 실제로 그 브랜드의 상세페이지에 가보니, 역시 이 원리를 잘 활용한 이미지를 사용하고 있었습니다.

만약 어질러진 아이 방 사진(BEFORE)과 잘 정리된 방 사진(AFTER)을 비교해서 본다면 어떨까요? 이 두 장의 사진만으로도, 소비자는 '우리 아이 방도 저렇게 정리되면 좋겠다!'라는 느낌을 즉각적으로 떠올릴 겁니다. 바로 여기서 비주얼 브랜드텔링이 시작됩니다.

BEFORE-AFTER 전략은 실제로 다양한 브랜드에게 꽤 유용하게 활용될 수 있습니다. 예를 들어, 뷰티와 헬스케어 업종에서는 '더 나은 나'를 보여줘야 합니다. 스킨케어는 트러블 피부에서 깨끗한 피부로, 다이어트는 운동 전 체형에서 건강한 몸매로의 변화를, 병원의 경우는 시술 전후의 만족스러운 모습을 보여줄 수 있습니다. 이렇듯 과장하지 않고 실제 변화를 정직하게 보여줄 때 더 신뢰를 얻을 수 있습니다.

사람들에게 인기 많은 숏폼 콘텐츠 중에 "이랬는데 ~ 요래 됐습니다"라는 영상을 기억하시나요? 또 배경 음악의 흐름에 맞춰 가족사진이 과거 사진으로 돌아가는 시리즈도 한 번쯤 보셨을 겁니다. 이게 모두 BEFORE-AFTER 원리가 담긴 대조의 스토리텔링입니다.

'변화'만큼 강력한 브랜드텔링은 없습니다. BEFORE-AFTER 전략은 단순히 결과를 보여주는 것을 넘어, 상대에게 희망과 가능성을 전달하는 강력한 커뮤니케이션 도구입니다. 여러분의 브랜드도 어떤 변화를 선사하는지 한번 생각해 보세요. 그 변화를 시각화할 수 있다면, 그것이 바로 가장 강력한 브랜드 메시지가 될 것입니다.

BEFORE & AFTER
'변화'만큼 강력한 브랜드텔링은 없다.

▌ 제품이 아닌 느낌을 보여줘라

이미지는 감정의 언어입니다.

브랜드가 욕망의 문제를 해결하면 고객에게는 감정적 보상이 찾아옵니다. 문제가 해결되었을 때 느끼는 기쁨, 만족감, 성취감 같은 경험이죠. **결국 브랜드가 진정으로 전달해야 할 것은 '제품'이 아니라 '느낌'입니다.** 새로 산 운동화를 신고 달리는 영상, 깔끔하게 정리된 집안 사진, 건강해 보이는 샐러드 한 그릇, 여유로운 카페에서의 한 컷. 이런 이미지들은 단순한 이미지가 아니라 궁극적으로 '내가 경험하고 싶은 느낌'입니다. 사람들이 이미지에 반응하는 것은 그 속에 담긴 '되고 싶은 나'를 보기 때문입니다. 브랜딩은 바로 이 느낌을 어떻게 설계하는가에 달려 있습니다. 브랜드들이 사용하는 몇 가지 비주얼 브랜드텔링을 볼까요?

볼보는 오래전부터 안전성을 광고의 소재로 삼은 브랜드텔링으로 유명하죠. 하지만 요즘 볼보가 사용하는 이미지를 살펴보면, 그들은 더 이상 과거에 유명하던 차량 안전 테스트 영상을 보여주지 않습니다. 대신 안전하게 잠든 아이의 모습, 편안한 가족의 여행, 따뜻한 일상적 순간의 이미지를 활용하는 것을 볼 수 있습니다. 왜일까요? 안전은 '설명'하는 것이 아니라

'느끼게' 해야 하기 때문입니다. 우리의 뇌는 '안전하다'는 말보다 '안전해 보이는' 이미지에 더 강하게 반응합니다.

볼보는 안전에 대한 실험보다
안전을 느끼게 하는 가족의 이미지를 활용한다
@volvocars

룰루레몬은 왜 완벽한 요가복 제품 사진 대신 다양한 체형의 사람들이 함께 운동하는 장면을 공유할까요? 화려한 매장 인테리어 대신 지역 요가 커뮤니티 활동과 웰니스 이벤트를 보여주는 이유는 사람들은 '완벽함'보다 '진정성'에서 더 강한 유대감을 느끼기 때문입니다. 함께 운동하고, 서로 격려하고, 공동의 목표를 향해 나아가는 순간들. 그것이 우리가 공감하고 연결되고 싶어 하는 순간들에 사람들은 자연스럽게 반응합니다. 소속감, 공동체, 관계, 사랑을 강조하는 브랜드들은 룰루레몬처럼 이런 이미지를 활용하면 더 효과적입니다.

같은 가치관을 가진 이들이 함께 하는 모습에서
강한 브랜드 유대감이 형성된다
@lululemon

레드불은 왜 유명한 스포츠 선수나 광고 모델보다, 새로운 도전을 시도하는 사람들의 이미지를 보여줄까요? 그들은 세계 최고 익스트림 스포츠 챔피언의 화려한 수상 순간보다, 스카이

다이빙을 준비하는 사람의 긴장된 표정을, 레이싱 트랙에서 우
승하는 장면보다, 훈련 중 흙먼지를 뒤집어쓴 드라이버의 모습
을 담습니다. 레드불의 인스타그램에는 실패하기도 하며, 낙망
하기도 하면서 끊임없이 도전하는 사람들의 모습이 많습니다.
이것이 현실적인 우리들의 모습이기도 하기 때문입니다.

레드불은 끊임없이 실패와 도전을 보여준다
그 실패 자체가 값진 브랜드 자산이기 때문이다
@redbull

결국, 욕망의 요소에서 브랜드텔링의 최종 목적은 '문제해
결'에서 '감정적 연결'로 나아가는 것입니다. 사진작가로서 수
많은 브랜드의 이미지를 만들면서 발견한 한 가지 공통점이 있
습니다. 제품 특성을 세세하게 담은 사진보다, 그 제품이 주는
감정적 경험을 담은 원 컷이 항상 더 많은 반응을 얻었다는 것
입니다. 브랜드의 크고 작은 문제해결력의 경험을 담은 이미지
들이 쌓이게 되면, 그 이미지를 보고 같은 감정을 느끼고 싶은
사람들이 더 모이게 될 것입니다. 이미지의 가장 큰 힘은 바로
이 느낌을 강력하게 전달할 수 있다는 점입니다.

이 개념을 가장 잘 보여주는 광고가 하나 있습니다. 바로 이
케아의 'Proudly second best'라는 캠페인입니다. 이 영상의 형

출처: 이케아 홈페이지
'Proudly second best' 캠페인

식은 아주 단순합니다. 가벼운 카메라 움직임만으로 촬영한 원테이크one take 영상입니다. 영상의 스토리는 단순합니다. 말 그대로 제품으로 시작하여 느낌으로 끝납니다. 여기서 이케아가 사용하는 이미지를 보면 제품을 보여주는 것과 느낌을 보여주는 것이 정확히 어떤 것인지를 직관적으로 이해할 수 있습니다. 간단한 영상이지만 이 광고는 세계 유명 광고제에서 다양한 수상을 하였습니다. 사실 제품을 광고하는 것 같지만, 이케아가 이미지를 통해 말하고 싶은 메시지는 아기용품보다 중요한 것이 부모의 존재라는 느낌입니다. 이 광고를 보는 부모님들이라면 과연 어떤 느낌을 받게 될까요?

이 광고를 보면 마이클 르뵈프의 유명한 말이 떠오릅니다.

'내게 옷을 팔려고 하지 말아요.
대신 세련된 의상과 매력적인 외모를 팔아주세요….'
'내게 집을 팔려고 하지 말아요.
대신 안락함과 안정감을 팔아주세요….'
'내게 장난감을 팔려고 하지 말아요.
대신 내 아이들에게 즐거운 시간을 팔아주세요….'
'제발 내게 물건을 팔려고 하지 마세요.
대신 느낌과 자부심, 그리고 일상의 행복을 팔아주세요.'

이 말은 비주얼 브랜드텔링에도 그대로 적용됩니다. 욕망의 요소는 단순히 판매 전략이 아닌, 인간의 마음을 움직이는 근본적인 원리입니다. 진정한 브랜드텔링은 이성적 설명에서 감성적 공감으로, 제품의 설명에서 변화의 약속으로, 기능적 혜택에서 정서적 연결로 나아갈 때 비로소 완성됩니다. 여러분의 브랜드는 제품만 보여주고 있나요, 아니면 느낌을 전달하고 있나요? 이 질문들에 나의 이미지가 명확한 답을 제시하고 있다면, 비주얼 브랜드텔링의 첫 번째 원리인 '욕망'을 성공적으로 적용한 것입니다. 이제 고객의 욕망을 자극하는 시각적 언어로 그들의 마음을 사로잡을 준비가 되었습니다.

이미지는 감정의 언어다.
제품이 아닌 느낌을 보여줘라.

▌누구를 도울 것인가?

지금까지 비주얼 브랜드텔링의 첫 번째 요소인 '욕망'에 대해서 살펴보았습니다.

비주얼 브랜드텔링에서 중요한 것은 이미지 자체가 아닙니다. 진짜 중요한 것은 그 이미지를 본 사람이 어떻게 반응하는가입니다. 우리는 대부분 먼저 카메라를 들고 사진 찍기에 바쁩니다. 그러나 정작 빠뜨리는 질문이 있습니다.

"내 이미지는 지금 누구의 어떤 문제를 해결하고 있는가?"

아무리 화려한 사진이라도, 보는 사람의 결핍을 건드리지 못하면 반응은 없습니다. 반대로 평범한 사진이라도 상대의 욕망을 정확히 짚으면 사람은 본능적으로 멈추고 반응합니다. 결국 핵심은 "누구를 도울 것인가?"라는 질문에서 시작해야 합니다.

지피지기면 백전백승입니다. 먼저 상대를 알아야 합니다. 카메라를 들기 이전에 내 이미지를 보는 사람이 누구인지를 알아야 합니다. 그걸 모르고 급하게 사진을 찍는 것은 마치 여행 가방을 다 챙기고 막상 "어디로 갈까?" 하는 것과 같습니다. 목표를 모르면 목표를 향해 갈 수 없습니다. 상대를 알고, 그들의 문제를 알고, 문제를 해결할 방향을 정하는 것이 비주얼 브랜드텔링의 가장 기본입니다. 저는 브랜딩의 과정에서 이미지를 만들기 이전에 충분히 왜 찍는지(WHY)와 무엇을 찍을지(WHAT)에 대해 고민하는 시간을 최대한 많이 가지라고 권합니다.

WHY: 왜 이 이미지를 만드는가? (문제해결의 목적)

WHAT: 무엇을 보여줄 것인가? (구체적인 해결책)

이 두 가지에 대해 충분히 숙고하며, 잠재적으로 내 이미지를 볼 사람들이 소비하는 이미지들을 먼저 많이 살펴보는 것이 좋습니다. 그러면서 미리 결핍을 예상하는 질문들을 던져봅니다.

'나를 잠 못 들게 하고 계속 보게 되는 것이 뭐지?'
'내가 평소에 부러워하는 사람이 있을까?'
'말하지 못하는 콤플렉스가 있을까?'
'지금 당장 갖고 싶은 것이 뭐지?'
'5년 후 내가 되고 싶은 모습은 뭐지?'

이런 질문들 속에 보이지 않는 욕망과 결핍이 들어 있습니다. 또한 다른 브랜드의 이미지를 보면서 '이 콘텐츠는 왜 사람들에게 반응이 좋을까?', '내 잠재고객들은 주로 어떤 콘텐츠를 많이 볼까?' 같은 질문들을 자신에게 던지면서, 그들이 소비하는 이미지에 대한 WHY와 WHAT을 찾는 것도 방법입니다. 그리고 여기에 대한 어느 정도의 답을 찾았다면, 이제 여기에서 나의 문제해결력을 가장 잘 보여줄 수 있는 방법을 찾아 본격적으로 이미지를 만들 준비를 합니다.

저는 의외로 이 과정을 건너뛰는 브랜드를 많이 보았습니다. 급하게 서둘러 그때그때 필요한 이미지들을 만들지만, 결국 오래가거나 누군가를 움직이는 강한 임팩트를 만들어내지 못합니다. 실제로 한 브랜드와 약 1년 동안을 이 작업만 한 적이 있습니다. 고객의 페르소나를 설정하고, 다양한 리서치와 레퍼런스 작업을 하면서 여러 이미지를 테스트하고 사람들의 반응을 관찰하고, 수정하기를 반복했습니다.

비록 오랜 시간의 노력이었지만, 이러한 검증의 시간이 충분히 쌓이고 나서는 사람이 모여드는 것은 시간문제였습니다. 그리고 지금 이 순간에도 사람은 계속 모여듭니다. 오랫동안 유지되는 높고 튼튼한 건축물일수록, 지반 작업을 하는 데 시간이 오래 걸리는 법입니다. 충분히 시간을 가지고 먼저 상대의 마음을 이해하는 데 큰 노력을 기울인다면, 그 노력은 배가 되어 여러분에게 다시 돌아올 것입니다.

여러분이 모으고 싶은 사람들이 누군지를 먼저 정하세요. 그들의 결핍을 섬세하게 이해할수록 더 디테일한 이미지를 만들 수 있습니다. 그들이 주로 소비하는 이미지 문법을 조사하고, 그 문법 안에서 더 명확하게 욕망을 제시하세요. 비주얼 브랜드텔링의 첫 번째 요소 '욕망'은 바로 이 WHY를 찾는 것입니다. 그들이 왜 내 이미지를 봐야 하는지, 무엇을 보고 반응할 수 있는지를 먼저 아는 것. 그것으로부터 모든 것이 시작됩니다. 이 내용들을 충분히 숙고한 후에 카메라를 들어도 늦지 않습니다. 그리고 그때부터 비로소 사람의 마음을 움직이는 진짜 원 컷을 만들 수 있을 것입니다.

카메라를 들기 전에 먼저 누구를 도울지를 생각하라.

STORY

몇 년 전, 은퇴 후 제2의 인생을 준비하던 한 시니어를 만났습니다. 오랫동안 기업의 주재원으로 일하시다가 막 은퇴하신 지성언 님은 이렇게 말씀하셨습니다.

"인생 2막을 위해 책도 냈는데, 나를 알릴 수 있는 영상을 하나 만들어보고 싶어요."

퍼스널 브랜딩에 진심이던 그는 매번 만날 때마다 깔끔한 셔츠, 완벽히 맞는 재킷, 세심하게 고른 넥타이로 등장하곤 했습니다. 패션 감각이 탁월했죠. 그 순간 떠올랐습니다. '이분의 이야기는 옷에서 시작된다.' 때마침 한국에 막 틱톡이 등장하던 시기였습니다. 10초 안에 모든 것을 보여줘야 했기에, 저는 그 안에서 이분의 변화를 시각적으로 표현해 보기로 했습니다. 스토리는 아주 간단했습니다.

평범한 티셔츠 차림의 시니어(BEFORE)가 세련된 슈트를 입은 멋진 신사(AFTER)로 변신하는 짧은 영상. 고급 장비도, 세련된 조명도 없이 스마트폰 하나로 찍은 10초짜리 영상이었습니다. 결과는 놀라웠습니다. 영상이 업로드된 지 며칠 만에 수천 명의 사람들이 '좋아요'를 눌렀고, 도리어 젊은 세대가 시니어의 변신에 열광했습니다.

"이분 진짜 멋지다", "우리 아버지도 이렇게 찍어드리고 싶어요" 같은 댓글들이 하나둘씩 달리기 시작했습니다. 그리고 몇 달 뒤, 지성언 님에게서 연락이 왔습니다.

"작가님, 저 틱톡 공식 광고 모델이 됐어요!"

그의 도전은 틱톡이 직접 주목할 만큼 사람들의 마음을 움직였습니다. 지금 그는 'The New Grey'라는 시니어 크리에이티브 그룹의 멤버로 활동하며 국내외에서 새로운 시니어 문화를 대표하는 인플루언서가 되었습니다. 인스타그램 CEO 아담 모세리Adam Mosseri도 직접 이들을 만나러 올 정도로요.

사례 분석

지성언 님의 틱톡 영상은 비주얼 브랜드텔링에서 욕망 요소의 원리를 잘 반영합니다.

첫째, **결핍을 정확히 짚었습니다.** '시니어는 촌스럽다', '나이 들면 멋있을 수 없다'는 사회적 편견이 바로 결핍이었습니다. 그는 이 결핍을 '패션'이라는 언어로 정면 돌파했습니다.

둘째, **욕망을 시각화했습니다.** 젊은 MZ세대가 주를 이루는 틱톡에서 시니어의 변신은 매우 흥미롭고 재미있게 받아들여져 사람들의 욕망을 자극합니다.

셋째, BEFORE & AFTER 이미지. 틱톡의 10초라는 짧은 시간에 명확한 변화를 보여주기 위해 전후 이미지의 영상을 활용하였고, 결과적으로 시청자들의 감탄과 함께 쉽게 바이럴이 될 수 있었습니다.

인사이트

- **결핍을 찾아라**: 내 잠재 고객의 가장 큰 결핍(고민)은 무엇인가요? 그 결핍을 채워주는 욕망을 시각화하면 사람은 반응합니다.

- **변화를 극대화하라**: 애매한 변화보다는 극명한 BEFORE-AFTER가 더 효율적입니다. 브랜드를 만나고 난 후 한눈에 알아볼 수 있는 확실한 차이를 보여주는 것이 중요합니다.

- **느낌을 보여줘라**: 이미지를 보는 사람이 '나도 저렇게 되고 싶다' 혹은 '재미있다, 신선하다'고 느낄 만한지, 짧은 시간에 상대에게 내가 전하고자 하는 느낌을 확실하게 줄 수 있어야 합니다.

이 영상이 많은 사람들의 마음을 움직인 이유는 단 하나입니다. 그는 '시니어도 멋질 수 있다'는 문제를 해결해주는 이미지를 만들었기 때문입니다. 틱톡은 기본적으로 재미와 흥미의

BEFORE   AFTER

출처: Great Grey 틱톡 영상

욕망이 가장 중요한 플랫폼입니다. 뻔해 보일 수 있는 시니어 스토리를 역으로 신선하게 만들어 사람들에게 강렬한 인상을 줄 수 있는 원 컷을 만들었습니다. 원리는 간단합니다. 결핍을 찾고, 욕망을 보여주고, 감정적 보상을 선사했죠. 비주얼 브랜드텔링은 이렇게 시작됩니다. 내 이미지가 누군가의 마음속 결핍을 해결하는 순간, 그 브랜드는 단순한 광고가 아니라 희망의 스토리가 됩니다.

2장
욕망 / 사람은 무엇에 반응하는가?

실천 체크리스트

- 나의 브랜드는 어떤 문제(결핍)를 해결하는가?

- 내 브랜드 이미지에는 결핍과 욕망의 브랜드텔링이
  적용되어 있는가?

- 1초 안에 고객의 시선을 사로잡을 수 있는
  시각적 임팩트가 있는가?

- 나의 콘텐츠는 욕망, 공감, 정보, 재미, 경험 중
  어떤 것을 보여주는가?

- BEFORE-AFTER 구조로 변화의 가능성을 시각화하고 있는가?

- 제품 스펙이 아닌 내 브랜드가 선사할 감정적 느낌을
  보여주고 있는가?

- 내 이미지를 보는 사람이 주로 누구인지를 알고 있는가?

3장

스타일

어떻게 매력적으로 보일까?

STYLE

▎왜 그 브랜드는 매력적으로 보일까?

매일 수없이 많은 브랜드의 이미지가 우리 곁을 스칩니다.

그런데 어떤 이미지를 보면 유독 시선이 머물며, '저 사진, 묘하게 끌리는데?' 하고 느낄 때가 있습니다. 비주얼 브랜드텔링은 철저히 시각적으로 메시지를 전달하는 방법입니다. 그래서 무엇보다 보이는 게 중요합니다. 아무리 좋은 브랜드라도 결국 사람들은 보고 판단하기 때문이죠.

자, 여기 서로 다른 이미지가 있습니다. 무엇이 가장 먼저 눈에 들어오나요? 갈색 유리병과 은은한 조명만 봐도 '이솝 Aesop'이 떠오르고, 민트색 상자 하나만 봐도 '티파니 Tiffany & co'가 생각납니다. 심지어 로고가 가려져 있는데도 말이죠. 이솝은

출처: Unsplash

늘 차분하고 깊이 있는 브라운 톤으로 자신을 표현하고, 티파니는 강렬한 임팩트가 있는 제품 사진과 민트빛 컬러로 이야기합니다.

이미지에도 스타일이 있습니다. 사람들에게 호감을 얻는 브랜드의 이미지들을 살펴보면 단순히 잘 찍은 사진을 넘어 '자기만의 시각적 문법'을 가지고 있습니다. 브랜드에게 이미지는 마치 사람의 얼굴과 같습니다. 첫인상을 결정하고, 정체성을 드러내며, 이야기를 전달하는 창구가 됩니다. 그 얼굴이 어떻게 생겼는지, 어떤 표정을 짓고 있는지, 무슨 분위기를 풍기는

지에 따라 브랜드 전체의 이야기가 고스란히 드러납니다. 보는 순간 '아, 이 브랜드다'라고 직감적으로 알아볼 수 있는 시각적 정체성을 만들어내는 것. 이것이 비주얼 브랜드텔링의 두 번째 요소, **'스타일'**입니다.

앞서 첫 번째 요소인 욕망에서 본능적으로 누군가의 결핍을 해결했다면, 이제는 사람의 '눈'을 사로잡아야 합니다. 그런 면에서 스타일의 요소는 '시각적으로 브랜드를 인지하게 만드는 전략'이라고 할 수 있습니다. 브랜딩에서는 보이는 이미지 하나하나가 중요합니다. 어떤 조명과 색을 사용할지, 어떤 프레임과 레이아웃으로 배치할지, 어떤 분위기를 담을 것인지, 어떤 폰트와 메시지를 이미지에 조화시킬지와 같은 요소들이 쌓여 브랜드의 스타일을 만들어갑니다.

이솝의 인스타그램이나 홈페이지, 매장을 방문한 적이 있나요? 이솝의 인스타그램을 보면 누가 봐도 이솝이라고 느껴지는 이유는 무엇일까요? 흙빛, 황토색, 유리병, 질감 있는 패브릭, 나무의 결. 일관된 브라운 톤의 이미지들. 단지 브라운이 예뻐서? 아닙니다. 이솝의 브랜드 슬로건과 디자인 철학인 '감각적 즐거움', '사려 깊은 디자인', '자연과의 조화', '절제된 아름다움', '맥락성', '지속가능성'을 반영한 이미지들이기 때문입니다. 굳이 로고가 보이지 않아도 이미지의 스타일만으로 금

이솝의 이미지들은 왜 하나같이 보일까?

출처: Aesop 인스타그램

세 브랜드를 알아볼 수 있습니다. 이것이 바로 **비주얼 아이덴티티**Visual Identity입니다.

브랜드 아이덴티티가 '우리 브랜드다운 것이 무엇일까?'에 대한 개념이라면, 비주얼 아이덴티티는 그것을 실제로 고객의 눈앞에 펼쳐 보이게 하는 시각적 정체성입니다. 브랜딩은 한마디로 사람의 머리에 무언가를 각인시키는 겁니다. 우리가 친구를 얼굴로 알아보듯, 강력한 비주얼 아이덴티티를 가진 브랜드의 이미지는 로고 없이도 즉각적으로 인식됩니다.

사람들 눈에 쉽게 들어오는 브랜드는 모두 이렇게 자신만의 비주얼 아이덴티티를 구축하고 있습니다. 처음 보는 브랜드의 인스타그램 계정에 들어갈 때도 이런 시각적 설계가 잘된 계정은 첫눈에 호감을 일으키고 더 오래 머물게 되죠. 보이지 않지만, 브랜드의 비주얼 아이덴티티를 체계적으로 설계하고 일관되게 적용하는 것은 장기적으로 브랜드 인지도와 신뢰도에 결정적인 차이를 만들어낼 수 있습니다.

여러분의 브랜드 이미지를 보면 한 번에 시선을 사로잡고 떠오르는 느낌이 있나요? 이번 장에서는 단순한 멋진 '이미지'가 아닌, 스타일을 통해 브랜드를 말하는 '시각적 언어'를 설계하는 방법에 관해 이야기해 보겠습니다.

딱 보자마자 떠오르게 하는 것. 브랜딩은 사람의 머리에 무언가를 각인시키는 행위다.

▎이미지에도 디자인이 필요한 이유

'디자인은 당신 브랜드의 침묵하는 홍보대사다.'

세계적인 디자이너 폴 랜드Paul Rand의 이 말처럼 브랜딩에서 '디자인'의 역할은 매우 중요합니다. 브랜드가 하고 싶은 이야기를 꼭 말로 하지 않아도 시각적 요소만으로도 충분히 전달할 수 있습니다. 영상에 스친 한 줄기 빛, 이미지의 정교한 색감과 톤앤매너 등, 모든 것이 브랜드의 '숨은 목소리'가 되어 사람들의 마음에 스며듭니다.

이미지도 역시 '디자인'이 필요합니다. 디자인한다는 것은 단순히 '찍는' 행위보다 이미지를 '설계'하는 과정입니다. 원하는 목적으로 보는 사람들을 이끌기 위한 시각적인 장치를 만드는 모든 과정이 디자인에 포함됩니다. 브랜드 메시지를 이미지를 통해서 표현하고, 브랜드에 어울리는 빛을 찾아 고유의 색감과 톤을 찾아내고 구도와 레이아웃을 설정하여 하나의 이미지가 아닌 전체의 시각적 밸런스를 만드는 총체적인 창작 작업입니다. 바로 여기서 차이가 생깁니다. 전략 없이 만들어진 이미지는 그저 '보기 좋은 사진'에 불과하지만, 브랜드 관점에서 설계된 이미지는 고객에게 브랜드의 세계관을 경험하게 하는 통로가 됩니다.

비주얼 브랜드텔링에서 이미지를 디자인하는 이유는 하나

입니다. 바로 브랜드를 한눈에 알아보게 하는 것.

브랜딩의 본질은 **인지**Recognition입니다. 단순히 좋아 보이는 이미지를 만드는 것이 아니라, 보는 순간 '이 브랜드구나' 하고 즉각적으로 알아볼 수 있는 이미지를 만드는 것이 더 중요합니다. 생각해 보세요. 오늘 하루 동안 여러분이 본 수백 개의 이미지 중에서 지금 당장 떠오르는 이미지가 몇 개나 될까요? 그냥 보고 '좋았던' 이미지는 금방 잊힙니다. 하지만 머릿속에 각인된 이미지는 브랜드를 즉각적으로 떠올리게 만듭니다.

사진을 '찍는 것'은 눈앞의 현실을 기록하는 행위입니다. 반면, 이미지를 '디자인한다'는 것은 브랜드가 어떻게 인식되길 바라는가를 설계하는 행위입니다. 단순히 좋은 장면을 포착하는 것이 아니라, 보고 느끼는 사람의 시선을 설계하고 감정을 유도하는 일입니다. 그래서 디자인에서는 단순 촬영이 아닌 의도적 시각 설계가 필요합니다.

쉽게 생각해 '요리'를 생각해 볼 수 있습니다.

사진을 찍는 것이 음식의 재료라고 한다면 이미지를 디자인하는 것은 그 재료로 의도한 맛을 내는 '요리'와 같습니다. 재료는 같아도 요리에 따라 맛이 다를 수 있습니다. 같은 커피라도 스타벅스는 친근함을 유도하고, 블루보틀Blue Bottle Coffee은 미니멀하고 감각적인 느낌을 의도합니다. '민트색 상자' 하면 티파니가 생각나고, '브라운 톤 유리병' 하면 이솝이 떠올랐듯, 보이지 않는 시각적 인지와 연상을 설계하는 것, 그것이 바로 비주얼 브랜딩의 핵심입니다. 이것이 잘 설계되어 있다면 여러분의 이미지는 폴 랜드가 이야기한 것처럼 말없이 언제 어디서나 여러분의 무언의 홍보대사로 브랜딩을 더 강화해 줄 겁니다.

그렇다면 브랜드를 알아보게 하는 이미지를 만들기 위해서는 어떻게 해야 할까요? 다음의 세 가지가 필요합니다.

◉ 메시지(Message): 무엇을 말할 것인가.

이미지의 본질은 '보이는 언어'입니다. 좋은 이미지는 단순히 예쁜 장면을 담는 것이 아니라, 명확한 메시지를 시각적으로 압축합니다. 여러 말을 주저리 늘어놓는 것이 아니라 핵심 메시지를 간단명료하게 말해야 강한 인상을 남길 수 있습니다. 브랜드의 핵심 가치를 한 장의 사진으로 표현할 수 있는가, 그 답이 바로 이미지 디자인의 출발점입니다.

◌❦♦ 무드(Mood): 어떤 느낌을 줄 것인가.

이미지는 이성보다 감정으로 각인됩니다. 빛, 컬러, 톤앤매너는 브랜드의 감정을 전달하는 시각적 언어입니다. 같은 공간이라도 빛의 대비, 컬러에 따라 전혀 다른 분위기가 만들어질 수 있습니다. 브랜드의 무드는 '보이는 분위기'이자 '느껴지는 철학'이라 할 수 있습니다. 보는 사람에게 어떤 감정을 느끼게 보여줄 것인가, 즉 자신만의 무드를 만들어야 합니다.

⠿ 프레임(Frame): 어떻게 담을 것인가.

프레임은 보는 사람의 시선을 설계하는 도구입니다. 구도, 여백, 패턴, 반복되는 리듬은 브랜드의 시각적 질서를 만듭니다. 좋은 프레임은 단순히 사진을 잘 찍는 것이 아니라, 시각적 일관성과 브랜드 인지의 흐름을 설계합니다. 브랜드가 어떻게 보일지를 결정하는 것은 결국 프레임입니다. 시선을 어디에 두게 만들 것인가, 그 선택이 곧 브랜드 인식의 구조를 만듭니다.

이 세 가지 기준을 가지고 있으면 브랜드는 일관된 메시지를 전달하고, 통일된 톤을 유지하며, 반복적인 시각적 패턴을 형성할 수 있습니다. 그리고 그것이 사람들의 기억에 남습니다.

좋은 브랜드 이미지는 우연히 만들어지지 않습니다. 이 요소들은 여러분의 이미지를 효과적으로 변화시키는 중요한 열쇠입니다. 흔히 매력적인 브랜드들의 이미지가 뭔가 달라 보였다면, 그건 자신의 브랜드만의 디자인이 숨어 있기 때문입니다. 여러분 이미지에는 위의 요소들이 얼마나 반영되어 있나요? 이제부터는 이 세 가지 원리를 하나씩 구체적으로 살펴보겠습니다. 각 챕터를 읽으며 여러분의 브랜드 이미지가 이 요소들을 얼마나 잘 활용하고 있는지 스스로 점검해 보시기 바랍니다.

**원하는 목적으로
이미지를 '설계'하는 것.
이미지도 디자인이 필요하다.**

▎ 브랜드 이미지를 망치는 작은 실수들

이미지 디자인을 이야기하기 이전에 한 가지 질문을 던져보겠습니다.

"만일 내 이미지가 좋아 보이지 않는다면 그 이유는 무엇 때문일까요?" 이 책을 읽는 분 중에는 이미 수준급으로 사진을 잘 찍는 분들도 있을 것이고, 전문 브랜드 사진작가나 디자인 팀과 함께하는 분도 있을 겁니다. 하지만 그렇지 않은 분들은 자신이 찍은 결과물에 대해 늘 '뭔가 아쉽다', '예상만큼 반응이 없다'며 고민이 많을 수 있습니다.

사람들의 시선에서 멀어지는 이미지는 다 이유가 있습니다. 하지만 이런 이미지를 사용하는 이들의 대부분은 문제의 구체적인 원인을 모를 때가 많습니다. 좋은 브랜드 이미지를 만드는 방법의 하나는 먼저 잘못된 것부터 제거하는 것입니다. 아무리 예쁜 이미지라도 기본적인 실수 하나가 전체 인상을 망칠 수 있기 때문입니다. 고급 제품을 만들어도 포장이 조잡하면 싸구려로 보이는 것과 같은 이치입니다. 실제로 많은 브랜드가 좋은 제품, 훌륭한 서비스를 하고 있음에도 '뭔가 아마추어 같다', '신뢰하기 어렵다'는 첫인상을 얻는 것은 대부분 잘못된 이미지 때문일 경우가 높습니다. 하지만 이런 실수들만 제거해도 브랜드 이미지가 놀랄 만큼 달라집니다.

노출 과다

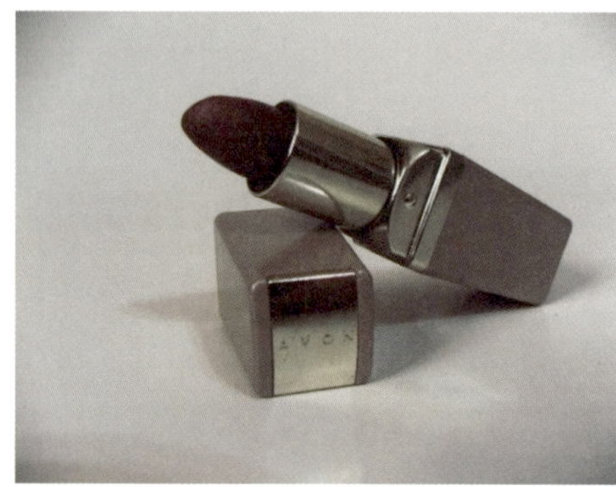

노출 부족

출처: morguefile

간혹 어떤 브랜드들은 다음과 같은 실수를 합니다.

"왜 이렇게 싸구려 같지?" 빛을 잘못 조절한 사진들

노출 과다/부족으로 너무 밝거나 너무 어두운 사진은 즉시 아마추어 같은 인상을 줍니다. 특히 제품 사진에서 디테일이 날아가거나 보이지 않으면 신뢰도가 크게 떨어집니다. 그늘 밑

에서 사진을 찍거나 스마트폰 플래시를 직접 터뜨린 사진은 빛
이 거칠고 부자연스러워 보입니다.

"뭔가 색이 이상한데?" 컬러를 잘못 잡은 사진들

실내 형광등 아래서 찍은 사진이 전체적으로 노랗게 나오거
나, 야외에서도 색온도 설정이 잘못되어 실제와 다른 부자연스
러운 색감을 보이는 경우가 있습니다. 실제로 눈에 보이는 이
미지의 컬러와 사진의 컬러가 다름에도 불구하고 그 이미지를
그대로 사용하는 브랜드가 꽤 많습니다.

출처: morguefile

출처: morguefile

"뭘 말하려는지 모르겠어" 톤앤매너가 없는 사진들

게시물마다 다른 분위기로 어떤 날은 미니멀하고 세련된 느낌의 제품 사진을, 어떤 날은 캐주얼하고 친근한 느낌의 셀카를, 또 어떤 날은 그날 먹은 음식 등 일관성이 없는 이미지 활용은 브랜드 정체성을 흐리게 만듭니다. 다양한 사진을 올리는 것은 자유지만, 결과적으로 들쑥날쑥하고 일관성 없는 브랜드로 보일 수 있습니다.

"뭔가 복잡하고 답답해" 구도가 애매한 사진들

주제가 불분명한 구도 사진 안에 너무 많은 요소가 들어가

출처: morguefile

있어서 정작 무엇을 보여주려는 건지 알 수 없는 경우입니다. 이런 이미지들은 시선이 분산되어 임팩트가 줄어듭니다. 애매한 구도의 이미지나 피사체가 프레임에 가득 차 있어 너무 많은 걸 담으려고 하면 정작 중요한 내용이 무엇인지 제대로 전달하지 못할 수 있습니다.

이미지는 오직 시각적으로만 메시지를 전달합니다. 표면적으로는 사진 한 장이지만, 그 안에는 이미지의 주제, 빛, 컬러,

구도, 레이아웃 등의 다양한 요소가 종합되어 완성됩니다. 그래서 더 어려울 수 있습니다. 어쩌면 여러분의 사진에 이런 크고 작은 요소들이 브랜딩을 망치고 있을지도 모릅니다. 지금 한번 여러분들의 이미지를 위의 기준에서 점검해 보시기 바랍니다. 만약에 이런 기준에서 매우 부족한 이미지로 내 브랜드가 도배되어 있다면, 먼저 그 이미지들을 정리하는 것 또한 좋은 비주얼 전략이 될 수 있습니다.

저는 브랜드를 진단할 때 과거의 좋지 않은 이미지를 걸러 내는 작업을 반드시 진행합니다.

오랫동안 쌓아온 좋지 않은 커머스 이미지들, 애매모호한 SNS 이미지들이 보이지 않게 브랜드 이미지를 해치고 있기 때문입니다. 브랜딩을 위해 이미지를 잘 찍는 것도 중요하지만, 브랜드를 망치는 이미지의 사용을 멈추는 것이 더더욱 중요합니다.

알게 모르게 실수하는 브랜드의 이미지가 도리어 브랜드를 망칠 수도 있다.

메시지: 단순하지만 강력한 임팩트를 만들어라 (Less, but better)

매일 수천 개의 이미지가 스크롤되는 시대입니다.

사람들이 여러분의 이미지에 머무르는 시간은 평균 1초 미만입니다. 이 짧은 순간에 브랜드의 모든 것을 전달해야 합니다. 그런데 어떻게 이 짧은 시간에 이미지로 설득할 수 있을까요?

이미지를 디자인한다는 것은 결국 말하고 싶은 메시지를 시각 언어로 표현하는 일입니다. 눈에 보이는 제품이나 서비스보다, 눈에 보이지 않는 브랜드의 가치와 철학, 태도를 조용하지만 분명하게 이미지 속에 녹여내는 것. 그것이 바로 메시지 중심 이미지 디자인의 시작입니다. 나의 브랜드가 할 말이 너무 많은데, 과연 이것이 1초 안에 전달 가능할까요?

한번 다음의 문장을 한번 비교해 보겠습니다.

그럼, 다음의 문장을 이미지로 표현하면 어떨까요?

오랜만에 친구들과 카페에 갔어요.
배가 고파서 맛있는 빵과 케잌을 시키고
어떤 걸 마실지 메뉴를 한참 고민하다
친구는 과일 주스를 시켰고, 다른 친구는
녹차라떼를 시켰죠. 나는 아메리카노를 시켰어요.
그리고 무심코 커피를 한 모금 마셨을 때,
그 커피는 정말 제 인생 최고의 커피였어요.

VS

오늘 마신
잊을 수 없는 커피 한잔

복잡한 비주얼 메시지

단순명료한 비주얼 메시지

출처: Unsplash

이 두 이미지의 차이는 무엇일까요? 카페 전경, 친구들의 모습, 테이블 위의 다양한 음식과 음료 등 온갖 요소가 한 장에 다 들어가야 합니다. 시선을 어디에 둘지 매우 복잡한 이미지는 보는 순간 그것을 파악하는 데 많은 시간을 할애하게 됩니다.

반면, 단순명료한 비주얼 메시지 '오늘 마신 잊을 수 없는 커피 한잔' 사진은 단순하지만 강렬한 메시지가 완성됩니다. 자 그럼 어느 쪽이 더 강한 인상을 남길까요? 답은 간단합니다.

세계적인 디자이너 디터 람스Dieter Rams는 단순할수록 더 강
력하다고 말했습니다(Less, but better). 이 말은 이미지에서도 동
일하게 적용됩니다. 어느 분야의 전문가나 잘 가르치는 스승일
수록 말이 단순하고 쉽다고 하죠. 길게 주저리주저리 설명하는
말은 상대방을 확실하게 설득하기 어렵습니다.

브랜드의 메시지는 단순하고 강력해야 합니다. 너무 많은
말을 하기보다 불필요한 요소를 덜어낼수록 메시지는 더욱 선
명해집니다. 사진도 마찬가지입니다. 하나의 사진에서 집중해
야 할 포인트가 여러 개라면, 시선이 분산되어 결국 아무것도
기억에 남지 않습니다. 인스타그램에서 좋은 반응을 얻는 계정
들에는 보이지 않는 공통점이 있습니다. 바로 '단 하나의 메시
지'에 집중한다는 점입니다. 단 하나의 감정, 단 하나의 상황,
단 하나의 아이디어를 짧고 굵게 전달합니다.

비주얼 브랜드텔링은 이미지로 말하는 것입니다. 이를 연습
하기 위해 이미지를 문장이나 단어로 옮긴다고 생각해 보세요.
이미지를 보자마자 딱 직관적으로 떠오르는 한 단어나 문장이
전달되어야 합니다. 여러분이 전하고 싶은 메시지를 하나로 응
축시켜 보세요.

너무 많은 것을 보여주기보다 한 번에 하나씩 확실한 메시
지를 전하는 겁니다. 이렇게 하면 보는 사람은 즉각적으로 여

러분의 브랜드가 전하고자 하는 메시지를 느끼고 기억하게 됩니다. 강렬한 브랜드 이미지는 결국 단순화의 싸움입니다.

덜어낼수록, 메시지가 명확하고, 사람의 마음에 더 깊이, 더 오래 남게 됩니다. 단순하지만, 강력한 메시지. 그것이면 충분합니다.

강한 임팩트를 남기고 싶다면 비주얼 메시지를 응축시켜라.
Less, but better.

Less, but better
- Dieter Rams

출처: Unsplash

▌ 무드: 어떻게 브랜드를 다르게 보이게 할까?

어떻게 하면 이미지가 좋아 보일까요?

사람들은 브랜드의 이미지를 보면서 무의식적으로 어떤 '느낌'을 받습니다. "이 브랜드는 고급스러워", "여기는 친근해", "뭔가 전문적이야…." 이런 느낌은 어디서 올까요? 바로 무드(분위기)에서 옵니다.

이미지는 이성보다 감정의 언어입니다. 아무리 메시지가 명확해도 분위기가 엉망이면 브랜드 가치가 제대로 전달되지 않습니다. 반대로 일관된 무드를 가진 브랜드는 말하지 않아도 사람들의 감정에 직접 작용합니다. 이미지에서 무드를 만드는 데 관여하는 것은 크게 두 가지입니다.

'빛' 그리고 '컬러'.

브랜드의 퀄리티를 결정하는 빛

이미지를 만드는 데 필요한 카메라는 사실 아주 단순한 도구입니다. 광학적으로 렌즈를 통해 카메라에 '빛'을 담는 것이 전부입니다. 빛에 대해서 생각하면, 유학 시절 첫 사진 수업이 아직도 생생하게 떠오릅니다. 기대에 부푼 마음으로 시작한 첫 사진 수업. 교수님은 아무 말 없이 가져온 수건으로 강의실 문틈을 막고 불을 껐습니다. 그리고 어둠 속에서 학생들에게 물었습니다.

"뭐가 보이니?" 모든 학생이 웅성웅성 혼란스러워하며 뭐라고 말해야 할지 모를 때 한 여학생이 조용한 목소리로 대답했습니다.

"Nothing, 아무것도 안 보여요." 교수님은 그 대답을 듣고 가만히 있다가, 잠시 후 한 손으로 성냥에 불을 붙였습니다. 그리고 다시 물었습니다.

"뭐가 보이니?" 그때, 깊은 어둠 속을 뚫고 작은 성냥에 비친 맑은 빛에 모두의 시선이 쏠렸습니다. 교수는 다시 한번 더 묻습니다.

"자 이제 뭐가 보이지?" 그때 조용히 한 학생이 대답했습니다.

"Light, 빛이요." 그 대답에 모든 학생이 숙연해졌습니다. 그리고 교수님이 말한 한 문장이 평생 저의 사진 작업에 귀한 가르침이 되었습니다.

"맞다. 빛이 없다면, 사진도 없단다. 항상 이것을 기억하렴 (Without light, there is no photography. Always remember this)."

빛이 없으면 어떤 이미지도 만들어질 수 없습니다.

모든 이미지의 시작은 이 빛을 담는 것에서부터 시작됩니다. 빛은 이미지의 모든 것에 관여합니다. 이 빛을 담는 기술에 따라 모든 감각과 퀄리티가 결정됩니다. 빛의 원리는 단순합니다. 밝은 곳이 있으면 어두운 곳이 있습니다. 사진에서는 흔히 하이라이트와 쉐도우Highlight & Shadow라고 표현합니다. 하이라이트와 쉐도우의 비율, 대비Contrast를 어떻게 조절하느냐에 따라 이미지의 느낌이 확연히 달라집니다.

빛에는 크게 두 가지 속성이 있습니다. 강한 빛Hard Light과 부드러운 빛Soft Light. 뜨거운 태양 아래 서면 강한 대비와 명확한 그림자가 만들어져, 이미지에 선명함과 강렬함을 부여합니다. 이때, 구름이나 커튼이 이 빛을 가리게 되면 그림자를 부드럽게 흐리며, 따뜻하고 자연스러운 분위기가 만들어집니다.

이 빛의 원리는 브랜드에게도 그대로 적용됩니다. 하드라이트는 명확한 그림자와 강한 대비를 만들며, 럭셔리 브랜드, 하이테크 제품, 남성적인 브랜드에 주로 사용될 수 있습니다. 전자 제품 사진, 벤츠, 롤렉스 같은 브랜드의 디테일 샷을 보면 하드라이트의 주요 특성이 잘 드러납니다. 하드라이트는 제품의 정밀함, 기술적 우수성, 고급스러움의 무드를 더욱 드러내게 만듭니다.

반면 소프트라이트는 부드러운 그림자와 은은한 그러데이션을 만들어 자연스럽고 따뜻한 느낌을 주며, 인간적이고 감성적인 분위기를 연출합니다. 킨포크, 무인양품, 이케아 같은 브랜드는 소프트라이트를 활용해 자연스러움과 편안함을 잘 표현합니다. 인물 중심의 브랜드나 라이프스타일 브랜드도 소프트라이트를 선호하는 경향이 있습니다.

이처럼 브랜드가 어떤 무드의 빛을 활용하느냐에 따라 그

강한 대비로 인상을 남기는 하드라이트

출처: Unsplash

은은한 감성을 연출하는 소프트라이트

분위기는 크게 달라집니다.

브랜드가 이미지를 통해 무언가를 말해야 한다면, 빛의 퀄리티는 브랜드 메시지를 시각적으로 완성하는 핵심 요소입니다. '어떤 브랜드 메시지를 전할 것인가?'를 정했다면, 촬영 버튼을 누르기 전에 잠시 멈춰 서 먼저 빛을 관찰하세요. 여러분의 브랜드가 어떤 빛 아래서 더 빛나는지 생각해 보세요. 빛 하나만 제대로 활용해도 브랜드 이미지를 훨씬 높은 수준으로 끌어올릴 수 있습니다.

'빛이 없으면 이미지도 없습니다.'

로고가 없어도 브랜드를 알아보게 하는 컬러

브랜드를 한눈에 띄게 하려면 어떻게 해야 할까요? 이미지를 바라볼 때 가장 먼저, 그리고 가장 강렬하게 눈에 들어오는 요소 중 하나는 바로 '컬러'입니다. 사람들은 무의식중에도 색을 통해 기분, 온도, 분위기, 심지어는 품질까지 판단하게 됩니다. 컬러는 브랜드의 심리적 정서를 반영합니다. 브랜드 컬러는 단순히 '예쁜 색'을 고르는 게 아니라 그 색이 브랜드의 어떤 가치와 감성을 말하게 할 것인가의 문제와 연결됩니다.

자, 다음 색상의 이미지를 볼 때 여러분은 과연 어떤 브랜드가 제일 먼저 떠오르시나요?

어떤 사람은 '삼성'과 '카카오'라고 말합니다. 반면 다른 사람은 '신한은행'과 '국민은행'이라고 말하기도 합니다. 물론 브랜드 컬러의 미묘한 차이는 있겠지만, 이처럼 컬러는 특정 브랜드를 떠오르게 하며 브랜드 인지를 만들어내는 데 결정적 역할을 합니다. 사람의 뇌는 단어나 이름보다 색을 먼저, 그리고 더 오래 기억하는 경향이 있습니다.

특정 컬러가 브랜드와 매칭되어 고객에게 인지를 만들었다면, 그 이후로는 브랜드 이미지의 시각적 '일관성'을 유지하는 것이 좋습니다. 일관된 컬러 활용은 여러 이미지를 하나로 묶는 접착제 역할을 합니다. 특히 인스타그램에서는 이것이 매우 유용하게 활용됩니다. 계정에 들어가자마자 보이는 이미지의 시각적 일관성을 구축하면 로고나 특별한 설명이 없어도 브랜드의 시각적 아이덴티티를 강력하게 구축할 수 있습니다.

구체적인 예를 보여드리기 위해 QR을 준비했습니다. 여러분이 직접 이 계정에 접속할 때, 처음으로 본 순간 눈에 바로 들어오는 컬러가 무엇인지를 한번 관찰해 보시기 바랍니다. 그러고 나서 브랜드를 한번 확인해 보세요. 각자의 컬러가 브랜드를 어떻게 더 강렬하게 인지시킬 수 있는지 보실 수 있을 겁니다.

컬러를 전략적으로 고르고, 일관되게 유지하면, 고객은 보는 순간 '아, 이건 바로 이 브랜드의 색이구나!' 하고 직관적으로 느끼게 됩니다. 브랜드가 컬러를 잘 활용하면 즉각적인 브랜드 인식, 경쟁사와의 시각적 차별화, 감정적 연결과 브랜드 연상 작용 등의 다양한 브랜딩 효과를 누릴 수 있습니다.

컬러는 브랜드의 무드 전체를 바꿀 수 있는 강력한 힘이 있습니다. 단순히 어떤 색을 쓰느냐가 아니라, '그 색을 어떻게 표현하느냐'가 고객이 브랜드를 인지하는 방식을 완전히 바꿔 놓습니다.

다음 세 가지 이미지가 있습니다. 같은 내용의 이미지지만, 분위기와 느낌이 전혀 달라 보이는 이유는 무엇 때문일까요?

같은 피사체, 같은 구도, 같은 빛인데 색만 바뀌었을 뿐입니다. 흔히 영화를 만들 때, 중요한 과정 중에 **컬러 그레이딩**Color Grading'이라는 개념이 있습니다. 컬러 그레이딩은 촬영한 영상

LE LABO Inc.
MANUFACTURERS OF
FINE PERFUMERY
233 ELIZABETH STREET NEW YORK CITY
LE LABO
LE LABO
LE LABO
ON WHEELS
NOTICE
SEONGSU STORE
10.17 12:00 OPEN
계정에 들어가자마자
보이는 컬러는 무엇일까?
출처: 르라보, 슈퍼말차 인스타그램
SUPER MATCHA
SEONGSU STORE 7TH ANNIVERSARY
GREEN LOVERS
SUPER
MATCHA
THE 1ST THAILAND STORE
SUPER
SUPER MATCHA
MATCHA
SUPER
MATCHA
SUPER
NEW MATCHA & RICE SOFT

어떤 컬러 톤앤매너를
적용하느냐에 따라
브랜드의 무드가
완전히 달라질 수 있다.

어떤 컬러 톤앤매너를
적용하느냐에 따라
브랜드의 무드가
완전히 달라질 수 있다.

출처: Unsplash

에 특정한 색감을 입혀서, 관객이 느껴야 할 감정과 분위기를 시각적으로 완성하는 작업입니다. 이 세 장의 사진은 제가 평소 좋아하던 영화 〈위플래쉬〉, 〈레버넌트〉, 〈조커〉에 영감을 받아 각자의 분위기에 맞춰 새롭게 컬러를 입힌 이미지들입니다. 이처럼 같은 장면을 찍어도 어떤 색감을 입히느냐에 따라 관객이 느끼는 감정이 달라집니다.

브랜드의 무드는 하루아침에 만들어지지 않습니다. 하지만 빛과 컬러, 이 두 가지만 일관되게 유지해도 사람들은 여러분의 브랜드를 감정으로 알아보기 시작합니다. 좋은 빛 아래서 촬영하고, 브랜드를 대표하는 컬러를 일관되게 활용하세요. 그러면 로고가 없어도, 긴 설명이 없어도, 이미지만으로 '아, 이 브랜드구나!' 하고 알아보게 됩니다. 두 가지를 꼭 명심하세요.

**'빛이 없으면
이미지도 없습니다.'
'컬러가 일관되면
브랜드가 보입니다.'**

▌프레임: 사람의 시선을 어떻게 사로잡을까?

메시지를 정하고, 무드를 만들었다면 이제 마지막 단계입니다.

같은 피사체를 찍어도 어떤 각도에서, 어떤 구도로 담느냐에 따라 전혀 다른 이야기가 됩니다. 이것이 바로 **프레임**Frame의 힘입니다. 프레임은 단순히 '예쁘게 찍는 기술'이 아닙니다. 보는 사람의 시선을 어디로 이끌 것인지, 무엇을 강조하고 무엇을 생략할 것인지를 결정하는 전략적 선택입니다.

사진에 시선이 자연스럽게 머무르고 감각적으로 보이게 하는 방법은 **구도**Composition를 잘 활용하는 것입니다. 구도는 화면 안에 존재하는 요소들이 '어떻게 배열되어, 어떻게 보이도록 할 것인지'를 결정하는 핵심 단계입니다. 좋은 구도를 가진 브랜드 이미지는 시각적 균형과 긴장감, 의도적으로 설계된 프레임 안에서 고객의 시선을 자연스럽게 유도하며 브랜드의 메시지를 직관적으로 전달합니다.

구도는 의도적으로 시선 흐름을 제어하는 것입니다. 우리의 눈이 바라보는 방향, 인물 간의 배치, 소품의 배치, 화면의 여백 등은 모두 시선의 이동 경로를 형성합니다. "처음엔 어디를 보게 되고, 다음에는 어디에 집중해야 하는가?"라는 질문에 답하는 것이 곧 구도 설계입니다. 구도의 목적은 하나입니다. '우

리의 눈이 어디로 향하게 하느냐.' 이것을 **포컬 포인트**Focal Point
라고 합니다.

곧 우리의 시선이 어느 한곳에 머무를 수 있는 포인트를 의
도적으로 설정하는 것입니다. 그래서 구도는 단순할수록 좋습
니다. 확실한 시각적 임팩트에 집중하는 것이 중요합니다. 감
각적으로 구도를 디자인한다는 것은, '사람의 시선과 감정을
어떻게 움직이게 할 것인가'를 설계하는 일입니다. 사진 혹은
영상 한 컷에도, 눈길이 머무르는 시작점이 있고, 서서히 빠져
나가는 지점이 있습니다. 이를 의도적으로 잘 설계해야 브랜드
가 전하고자 하는 감정과 메시지가 제대로 전달될 수 있습니
다. 사람의 시선을 사로잡으려면 다음의 세 가지에 집중할 것
을 권합니다.

첫째, 구도를 단순화하라.

구도는 단순할수록 강력합니다. 한 화면에 너무 많은 요소
가 들어가면 시선이 분산되어 정작 중요한 메시지가 전달되지
않습니다. 사람의 뇌는 복잡한 것보다 단순하고 명확한 것을
더 빠르게 인식하고 기억합니다. 앞서 메시지에 대해서 언급했
지만, 다시 한번 강조합니다. 간결한 시각적 메시지일수록 더
쉽게 눈에 쉽게 들어옵니다.

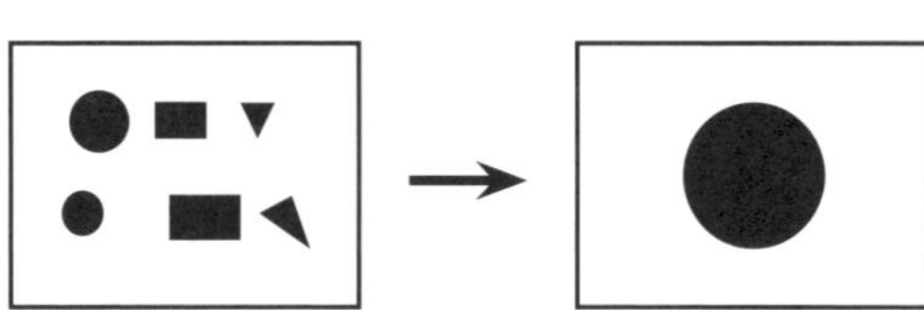

둘째, 구도의 일관성을 만들수록 좋다.

마음에 드는 구도를 정했다면, 가능하면 암묵적인 시각적 패턴을 형성하면 좋습니다. 시각적 일관성은 보는 사람들로 하여금 여러분의 이미지를 보았을때 '아! 이 브랜드구나' 하고 직감할 수 있는 구도의 DNA를 만드는 것입니다. 일관성은 한 장의 이미지보다 여러 장의 이미지가 쌓였을 때 더 큰 효과를 볼 수 있습니다.

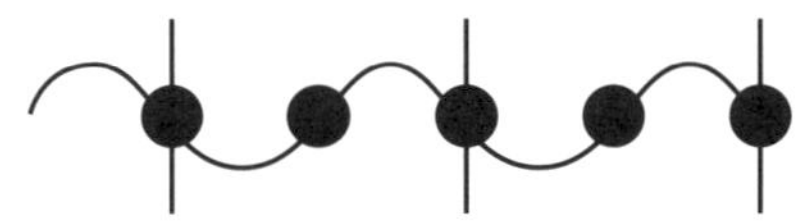

셋째, 같은 패턴을 반복하라.

어느 정도 브랜드의 이미지 디자인을 구축하였다면 꾸준히 그 패턴을 반복하면 좋습니다. 반복은 인지를 만듭니다. 매번 새로운 것을 시도하기보다, 사람들에게 익숙한 여러분의 비주얼 언어를 꾸준히 반복하면, 어느 순간 보는 사람들에게 여러분의 이미지에 익숙하게 될 겁니다. 반복만큼 강한 무기는 없습니다.

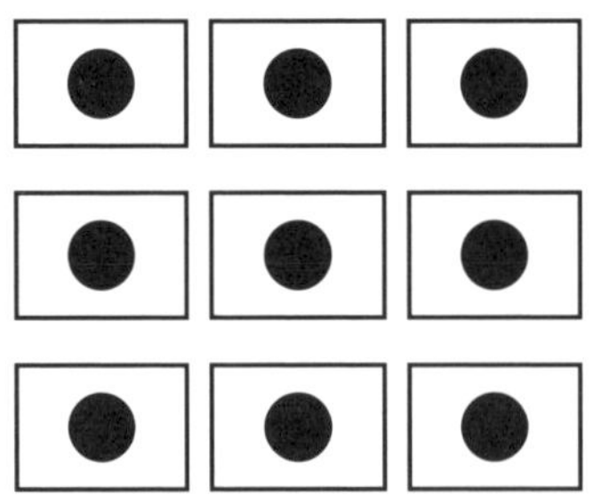

그럼 이런 방법을 실제 브랜드들은 어떻게 적용하고 있을까요? 이런 전략적 프레임을 활용한 브랜드의 예를 살펴보겠습니다.

일본 디자이너 니고^{Nigo}의 브랜드 '휴먼 메이드^{Human Made}'는 구도의 일관성으로 강력한 브랜드 인지를 구축했습니다. 계정에 들어가는 순간, 모든 이미지가 하나의 통일된 비주얼 언어로 말하고 있다는 걸 느낄 수 있습니다. 그냥 흰 배경에 제품 사진이 아닌 자신만의 시각적 의도로 디자인한 것입니다.

- **단순화**: 제품이나 인물 하나에 집중, 배경은 깔끔.
- **일관성**: 정면 구도, 중앙 배치, 빈티지 컬러 톤.
- **반복**: 수백 장의 이미지가 같은 패턴으로 쌓임.

출처: Human Made 인스타그램

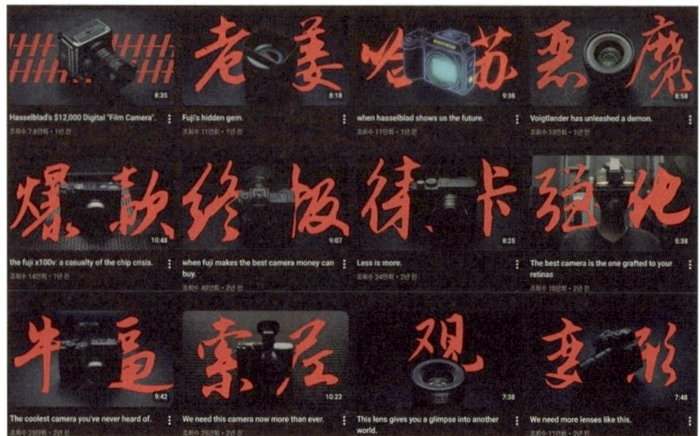

출처: GxAce 유튜브

　사진/영상 유튜버 GxAce(케이시 캐버노)의 섬네일도 상당히 임팩트가 강합니다. 다크한 무드와 강렬한 빨간 폰트를 활용한 자신만의 미학을 채널 전체에 일관되게 적용해 보는 이들로 하여금 자신만의 강한 시각적 임팩트를 전달할 수 있습니다.

- **단순화**: 항상 주인공(카메라 또는 인물)이 명확.
- **일관성**: 다크한 네이비 컬러, 미래적인 배경, 중앙 배치.
- **반복**: 모든 섬네일이 같은 세계관을 공유.

비주얼 브랜드텔링은 사진을 잘 찍는 것이 능사가 아닙니다. 그보다 중요한 것이 바로 '인지'를 만드는 것임을 잊지 마시기를 바랍니다. 인스타그램이나 유튜브에서 사람들이 많이 모이는 계정들을 보면, 꼭 이미지 퀄리티가 좋지 않더라도 위의 세 가지를 요소에 충실한 브랜드일수록 사람들의 반응이 좋습니다. 프레임은 기술이 아니라 전략적 선택입니다. 무엇을 보여주고, 무엇을 숨길 것인가? 어떻게 일관되고 반복적으로 시각적 임팩트를 줄 수 있을까? 이 모든 선택이 모여 브랜드만의 시각 언어를 만듭니다.

사람의 시선을 어디로 가게 할 것인가? 프레임은 기술이 아니라 전략적 선택이다.

▎ 레퍼런스: 이미지의 로직을 찾아라

"메시지도 정했고, 무드도 알겠고, 프레임도 이해했는데….
막상 찍으려니 막막해요."

많은 이들이 이렇게 물어봅니다. 실제로 좋은 이미지의 원리를 이론적으로 아는 것과 그것을 구현하는 것 사이에는 거리가 있을 수 있습니다. 마치 요리책을 읽고 레시피를 이해했지만, 막상 주방에 서면 '어디서부터 시작해야 하지?' 하고 막막해하는 것처럼 말이죠. 바로 이럴 때 필요한 것이 **레퍼런스**Reference를 찾는 것입니다. 레퍼런스는 여러분이 만들고자 하는 이미지의 '지도'이자, 목적지로 가는 내비게이션입니다. 훌륭한 브랜드의 이미지 뒤에는 반드시 치밀한 레퍼런스 리서치가 숨어 있습니다.

브랜딩도 닮고 싶은 대상을 관찰하는 것에서 시작합니다. 하지만 중요한 것은 겉모습이 아닌 '왜 매력적인가?'의 이유를 찾는 것입니다. 매력적인 이미지에는 그만의 이유가 있습니다. 저는 그 원리를 **'이미지 로직**image logic'이라고 부릅니다. 레퍼런스를 찾을 때는 단순히 겉모습만 따라 하는 것이 아니라, 그 이미지 뒤에 숨겨진 로직을 파악해야 합니다.

자, 여기 두 개의 이미지가 있습니다. 둘 다 빵을 찍은 사진입니다. 하지만 보는 순간 전혀 다른 느낌이 들지 않나요?

출처: Unsplash

LOGIC	이미지 1	이미지 2
메시지	지금 당장 달콤함을 즐겨라	우리는 시간을 들여 정성을 만든다
빛	하드라이트, 선명함	소프트라이트, 부드러움
컬러	높은 채도, 비비드하고 화려한 색감	낮은 채도, 차분하고 따뜻한 색감
주인공	제품 중심	사람 중심
감정	즐거움	진정성
타깃	MZ세대	가치 추구자

왼쪽 이미지를 보면 '즐거움, 달콤함, 파티'가 떠오릅니다. 오른쪽 이미지를 보면 '장인의 손길, 정성, 과정의 아름다움'이

떠오릅니다.

같은 빵을 찍었는데 왜 이렇게 다르게 느껴질까요? 바로 이미지의 로직이 다르기 때문입니다. 이 두 이미지는 똑같이 '빵'을 찍었지만, 전혀 다른 이야기를 합니다. 우리는 이미지를 '찍는다', '본다'라는 동사에 익숙합니다. 하지만 이제는 이미지를 '읽는' 방법을 터득해야 합니다.

마음에 드는 이미지가 있다면, 그 이미지를 하나씩 뜯어서 읽어보세요. 다음의 질문에 답하면서 관찰해 보는 겁니다.

여러 장의 이미지 로직을 정리하다 보면, 내가 좋아하는 결이 무엇인지를 알게 됩니다. 이미지를 잘 만들기 어려운 이유는 바로 **기준**이 없기 때문입니다. 기준이 없으면 우왕좌왕합니다. 레퍼런스를 많이 저장한다고 좋은 것이 아닙니다. 중요한 것은 그것들의 공통점을 찾는 것입니다.

기준부터 세우세요. 기준이 세워지면, 여러분이 어떤 브랜드를 참고해야 하고 어떤 이미지를 향해야 하는지 보일 겁니다. 왜 그 이미지가 좋은지를 스스로 알아야 합니다. 좋은 이미지를 저장하는 것도 중요하지만, 로직을 내 것으로 만드는 것이 더 중요합니다.

• 한 문장으로 무엇을 말하는가?
→ 이 이미지의 핵심 메시지는?

• 어떤 빛을 사용했는가?
→ 하드라이트인가, 소프트라이트인가? 빛의 대비는 어떻게 표현되었나?

• 어떤 컬러를 택했는가?
→ 브랜드 컬러를 어떻게 사용하지? 채도는 높은가, 낮은가?

• 무엇이 주인공인가?
→ 제품인가, 사람인가, 과정인가, 공간인가?

• 어떻게 배치했는가?
→ 중앙인가, 여백이 많은가, 어떤 앵글인가?

• 어떤 폰트와 텍스트를 사용하는가?
→ 텍스트가 있다면, 어떤 스타일인가?

• 톤앤매너가 일관되는가?
→ 여러 이미지가 같은 느낌을 주는가?

저는 함께 작업하는 브랜드들에게 레퍼런스 훈련을 많이 시킵니다. 의외로 그들은 무엇을 좋아하는지 기준이 없을 때가 많습니다. 하지만 레퍼런스 작업을 충실히 한 브랜드들은 몇 개월 정도 지나면 안목이 달라지는 순간이 옵니다. 그들이 찾아오는 이미지를 보면 깜짝 놀랄 때가 있습니다. 이미지를 읽는 훈련만 되도 브랜드의 안목이 한층 업그레이드가 됩니다.

그렇다고 레퍼런스 작업을 '카피캣Copycat'이 되는 것으로 오해하지 마세요. 카피캣은 겉모습만 복사하는 겁니다. 이솝의 브라운 컬러를 따라 할 순 있지만, 왜 브라운인지에 관한 이해 없이는 자기 것을 만들지 못합니다. 피카소는 이렇게 말했습니다.

"좋은 예술가는 복사하지만, 위대한 예술가는 훔친다."
(Good artists copy, great artists steal.)

이 말의 의미는 무엇일까요? 단순히 남의 것을 베끼라는 뜻이 아닙니다. 좋은 것을 보고, 그 본질을 이해하고, 자기 것으로 소화해서 새롭게 재창조하라는 뜻입니다. 레퍼런스를 보는 것은 창의성의 시작이며, 좋은 것을 보고 분석하고 배우는 과정이 진짜 창의적인 작업의 출발점입니다.

나만의 기준으로 이미지 로직을 찾아 내 것으로 만들어라.

▌ 나만의 비주얼 시스템을 설계하라

비주얼 브랜딩은 시각적으로 자기다움을 만드는 것입니다.

한 장의 이미지가 '이건 너네 브랜드잖아' 하고 딱 알아보게 만드는 일. 단 하나의 이미지를 만들더라도, 다른 브랜드와 차별화된 자신만의 비주얼을 만들기 위해 어떤 메시지를 어떤 방식으로 전달할 것인가를 섬세하게 디자인해야 비로소 '자기다움'이 확립됩니다.

지금까지 우리는 이미지를 디자인하는 방법을 배웠습니다.

- 메시지: 무엇을 말할 것인가?

- 무드: 어떤 느낌을 줄 것인가?

- 프레임: 어떻게 담을 것인가?

- 레퍼런스: 어디서 영감을 얻을 것인가?

나만의 이미지는 우연히 만들어지지 않습니다. 메시지를 명확히 하고, 무드를 설계하고, 프레임을 선택하고, 레퍼런스를 통해 영감을 얻으면 이제 마지막 단계에 이르게 됩니다. 바로 나만의 **'비주얼 시스템'**을 만드는 단계입니다. 사람들이 모이는 매력적인 브랜드는 모두 자신만의 비주얼 시스템을 가지고 있습니다. 자기 브랜드만의 시각적 요소들을 유기적으로 묶어내는 일련의 원칙과 규칙을 정하고 그에 따라 이미지를 만들어냅니다. 로고와 컬러 팔레트, 폰트 선택 같은 기본 CI · BI와 마찬가지로, 브랜드의 사진과 영상도 일관되게 작동할 수 있도록 체계화하는 것이 중요합니다. 이 시스템이 갖추어지면, '우리 브랜드는 어떤 이미지와 영상도 결국 이런 규칙에 맞춰 일관된 인상을 준다'라는 명확한 기준이 생깁니다.

많은 브랜드가 좋은 이미지 한두 장은 만듭니다. 하지만 문제는 **'지속'**입니다.

"이번엔 어떤 콘셉트로 찍지?"
"저번이랑 느낌이 너무 다른 것 같은데…"
"뭔가 우리 브랜드답지 않아…."

매번 이렇게 고민하다 보면 언젠간 지칩니다. 이미지는 들쭉날쭉해지고, 심하면 촬영하는 일이 스트레스로 다가올 수도 있습니다. 시스템이 없으면 결국 사람들은 여러분의 브랜드를 쉽게 인지하지 못합니다. 일관성 없는 이미지는 브랜드가 아니라 그냥 '사진'일 뿐입니다.

나만의 비주얼 시스템을 구축하면 다음의 장점이 있습니다. **첫째, 브랜드에 일관성이 생깁니다.** 고객은 여러 경로에서 브랜드를 만납니다. 오프라인 매장, SNS 피드, 유튜브 광고, 패키지, 웹사이트에 이르기까지, 이때마다 각기 다른 느낌을 받으면 '이 브랜드는 정체성이 명확하지 않네?'라며 신뢰도가 떨어집니다. 하지만 비주얼 시스템이 있다면, 어느 채널이든 '이건 바로 그 브랜드다' 하는 통일된 이미지를 전할 수 있습니다. 온라인이나 오프라인 모든 곳의 이미지 통일성은 더 강력한 브랜드 인지를 만들어낼 수 있습니다. 이것은 브랜딩에서 굉장히 중요한 부분입니다.

둘째, 브랜드에 효율성이 생깁니다. 브랜드가 커질수록, 콘텐츠 제작량이 폭발적으로 늘어날 때가 있습니다. 새롭게 콘텐츠를 만들어낼 때마다 매번 원점에서 '이번엔 어떻게 찍지?' 하고 고민하기보다, 시스템화된 가이드가 있으면 일관성 있는 결과를 만들어낼 수 있습니다. 브랜드의 촬영에 대한 자신만의 프로세스, 보정의 기준이 생기면 더 효과적으로 콘텐츠를 생산할 수 있습니다.

셋째, 브랜드를 차별화할 수 있습니다. 수많은 브랜드가 범람하는 시대에 경쟁 업체와 '무엇이 다른가'를 가장 먼저 시각적으로 보여주는 것이 필요합니다. 나만의 비주얼 시스템을 구축하면, 일관된 색채와 분위기, 촬영 스타일로 '이건 바로 그 브랜드네!' 하고 알아보게 만드는 독자적 개성을 확보할 수 있습니다.

나만의 시스템이 있으면 오래갈 수 있습니다. 중요한 건 잘 찍은 사진이 아닌, 나다운 사진을 만드는 원리와 안목입니다. 지금까지 여러분의 브랜드가 단순히 멋지고 예쁜 이미지를 만드는 것에 집중하였다면, 이제부터는 자기다운 비주얼 스타일을 구축하는 것을 생각해 보시기 바랍니다. 자신의 스타일을 찾는 노력이 곧 고객이 한눈에 알아보는 브랜드를 만드는 지름길이 될겁니다. 결국 나만의 스타일을 가진 원 컷, 그것이 곧 브랜딩의 시작입니다.

감각은 시작일 뿐 지속성은 시스템에서 온다. 나만의 비주얼 시스템을 설계해야 오래갈 수 있다.

STORY

우리 주변을 보면 좋은 브랜드를 가지고 있으면서도 자신에게 맞는 '옷'을 찾지 못해 어려움을 겪는 스몰브랜드가 생각보다 많습니다. 마치 숨겨진 맛집처럼, 그들의 진가는 알아보는 사람만 알고 있죠. 어느 날 뉘트NUIIT라는 브랜드의 의뢰를 받았습니다.

"작가님, 요즘 저희 브랜드를 찾는 분들이 많아지는데, 저희가 가진 경험과 스토리에 비해 겉으로 보이는 비주얼이 너무 아쉬워요." 오랜 운동의 경험과 자신의 고충을 바탕으로 자신만의 운동 브랜드를 만든 배준미 대표는 고민이 많았습니다.

"가슴이 뛰는 일을 위해 열심히 달려왔지만, 저희 브랜드를 찾아주시는 회원님들께 이제는 뭔가 저희를 잘 보여드려야 할 때인 것 같아요. 하지만 어디서부터 어떻게 시작해야 할지 모르겠어요."

실제로 브랜드를 방문했을 때, 그곳은 마치 숨겨진 보석 같았습니다. 〈전지적 참견 시점〉이라는 TV 예능에 나오거나 연예인이 찾아올 정도로 이미 아는 이들 사이에서 브랜드의 실력은 이미 검증되어 있었고, 입소문을 통해 찾아오는 고객들의

144 / 145

만족도도 매우 높았습니다. 다만, 그 가치를 제대로 전달할 비주얼 시스템이 부재했던 것이죠. 실제로 브랜드 SNS를 확인해 보니 문제가 명확했습니다. 지금까지 꾸준히 고객들과의 이야기를 사진과 영상으로 찍어 포스팅했지만, 어떤 날은 스마트폰으로 찍은 들쭉날쭉한 실내 사진을 비롯하여 아쉬운 부분이 많았습니다. 레슨을 진행하는 오프라인 공간은 누구보다 고급스러운 인테리어로 꾸며져 있었고 차별화된 서비스를 제공하며 고객 만족도가 매우 높은 데 비해, 온라인에서는 그런 것을 전혀 느끼기 어려웠던 것이죠.

사례 분석

바로 이 지점에서 우리는 비주얼 리브랜딩 프로젝트를 시작했습니다.

– Message: '전문성과 신뢰'를 주는 메시지

가장 먼저 모든 이미지가 전달해야 할 핵심 메시지를 정했습니다. 브랜드 이름 뉘트^{NUIIT}는 옛 우리말로 '한평생'을 의미하는 '뉘^{Nuii}'와 '운동^{Training}'의 합성어로 지어진 이름이었습니다. '한 사람을 위한 평생운동 뉘트'라는 브랜드 철학을 정리하고 이 철학에 맞춰서 '전문성과 신뢰'를 가진 뉘트의 이미지를 교체하였습니다.

– Light: '자연스럽고 부드러운 조명'

기존의 인스타그램에 올려졌던 이미지는 들쑥날쑥한 실내 형광 조명 아래의 어둡고 칙칙한 이미지였습니다. 기존의 브랜드 이미지를 방해하는 이미지를 모두 정리하고 고급스럽고 안정적인 소프트라이트 중심의 부드러운 자연광의 이미지로 변경하였습니다.

– Tone & Manner: '프로페셔널하지만 따뜻한 톤'

브랜드만의 고유한 컬러 시스템을 만들었습니다. 지도자들의 전문적이면서도 안정적인 흑백의 차분한 톤앤매너를 유지하며, 사람 중심의 인간적이고 자연에 어울리는 브라운을 메인컬러로 정해서 뉘트만의 이미지를 차별화를 만들었습니다.

– Composition: '모던하며 미니멀리즘한 구도'

뉘트만의 현대인들을 위한 모던한 감성을 구도에도 신경 써서 최대한 심플하고 간결한 이미지로 구도를 통일시켰습니다. 회원들의 비포애프터 작업을 통일시키고 브랜드의 이미지는 SNS에 특화된 단순하고 임팩트 있는 구도로 시선을 집중시켰습니다.

인사이트

– **시각적 가이드라인을 만들어라.** 브랜드 촬영의 즉흥적인 촬영이 아닌 조명, 색감, 구도에 대한 기준을 만들어 자기다운 이미지를 만들어야 합니다.

– **톤앤매너를 정하라.** 브랜드의 기본적인 컬러 팔레트를 정하고, 가능하면 그 범위 안에서 이미지를 만드세요. 무엇보다 전체적인 톤앤매너의 기준에서 이미지가 크게 벗어나지 않도록 하는 게 중요합니다.

– **이미지의 일관성이 품질을 결정한다.** 한 장의 사진을 잘 찍는 것보다 일관된 비주얼을 유지하는 것이 중요합니다. 촬영할 때마다 이전의 이미지와 연결고리를 만들어가는 것이 좋습니다. 완벽한 한 장보다 일관된 100장이 더 강력할 수 있습

바쁘게 브랜드를 키워오며
틈틈이 찍어 올린 이전 이미지들

자기다운 스타일로
완성된 뉘트의
비주얼 브랜드텔링

니다.

　– **시스템이 완성되면 누구나 따라 할 수 있다.** 브랜드만의 비주얼 시스템을 만들어두면 누구나 브랜드다운 이미지를 만들 수 있습니다. 시스템이 일하게 만들어야 합니다.

　이렇게 새로운 비주얼 시스템을 적용한 결과는 놀라웠습니다. 무엇보다 브랜드에 대한 시각적 인식이 개선되면서 브랜드를 찾는 회원들과 기업들이 많아졌습니다.

　1년 이상에 걸친 비주얼 브랜딩 작업을 마치고 바쁘게 지내던 뉘트로부터 기쁜 소식이 왔습니다. "작가님, 저 이제 나이키 웰 컬렉티브 앰배서더예요!" 감사하게도 뉘트 브랜드의 브랜딩뿐 아니라 대표의 퍼스널 브랜딩도 한층 성장해 가고 있었습니다.

　무엇보다 고무적이었던 것은 비주얼 브랜딩 시스템을 만들면서 레퍼런스로 많이 참고하고 이야기를 나누었던 '이솝'과 함께 이제는 레퍼런스 이미지가 아닌 함께 콜라보를 진행하는 브랜드가 되었다는 겁니다. 이미지와 브랜드의 시각적 결이 비슷하니 시너지는 더 좋았습니다. 비주얼 브랜드텔링에서 '스타일' 요소가 이렇게 브랜드를 하나로 묶어줄 수 있는 강한 힘이 있다는 것을 한 번 더 확인한 계기였습니다.

실천 체크리스트

- 로고 없이도 이미지만으로 브랜드를 알아볼 수 있는가?

- 여전히 브랜드를 망치는 실수(노출, 색온도, 산만한 구도)가 있는 이미지를 사용하고 있지는 않는가?

- 내 이미지는 한 문장으로 명확한 메시지를 전달하는가(Less, but better)?

- 빛의 속성(하드/소프트)을 나의 브랜드 무드에 맞게 활용하고 있는가?

- 브랜드만의 대표 컬러가 있으며, 일관되게 사용하고 있는가?

- 구도의 단순화, 일관성, 반복 원칙을 지키고 있는가?

- 레퍼런스 이미지의 로직을 분석하고 나만의 방식으로 재창조하는가?

- 누가 찍어도 '우리 브랜드다운' 이미지가 나오는 비주얼 시스템이 있는가?

ONE
CUT

4장

스토리

어떻게 다르게 이야기할까?

STORY

▌왜 내 브랜드를 선택해야 할까?

수많은 브랜드 중에 왜 내 브랜드를 선택해야 할까요?

세상에는 정말 수많은 브랜드가 존재합니다. 똑같은 카페가 한 블록에 세 개씩 있고, 비슷한 치킨집이 골목마다 두 개씩 있습니다. 기능적으로 큰 차이가 없지만 이름이 다른 제품들이 커머스 시장에 넘쳐납니다. 그런데 왜 어떤 브랜드는 사람들이 몰려들고, 어떤 브랜드는 텅 비어 있을까요? 제품과 기능이 크게 다르지 않은데도 말이죠. 답은 명확합니다. 사람들은 제품을 사는 것이 아니라 '이야기'를 사기 때문입니다.

마케팅의 거장 세스 고딘Seth Godin은 이렇게 말했습니다.

“사람들은 제품을 사지 않는다.
그들이 사는 것은 더 나은 자신의 이야기다.”

브랜드가 경쟁력을 가지려면 그 제품을 둘러싼 이야기, 그 안에 담긴 철학, 그리고 그것이 전하는 가치가 사람들의 마음을 움직이는 진짜 원동력이 되어야 합니다. 요즘 소비자들은 더 이상 스펙과 가격표만 보고 지갑을 열지 않습니다. 같은 물이라도 '알프스에서 온 천연수'라는 스토리가 더해지면 단숨에 프리미엄 생수 에비앙이 됩니다. 같은 커피라도 '최고급 원두 사용' 같은 뻔한 광고 문구보다는, '10년 동안 쓴맛 없는 블렌딩을 연구해 온 장인의 고집'이라는 사람 냄새 나는 이야기가 훨씬 더 매력적으로 다가오죠. 브랜딩을 잘하는 이들은 그냥 팔지 않습니다. 이야기를 덧붙여서 팝니다.

스타벅스는 커피가 아닌 '제3의 공간'을 팔고, 나이키는 운동화가 아닌 'Just Do It' 정신을 팔며, 레고는 블록이 아닌 '무한한 창의력'을 팔고, 에르메스는 가방이 아닌 '시간과 장인정신'을 팔죠. 이들의 공통점은 무엇일까요? 바로 제품 자체가 아닌 이야기를 판다는 것입니다.

앞서 비주얼 브랜드텔링의 '스타일'의 요소를 다루었습니다. 스타일은 자기다운 이미지를 디자인해서 사람들의 '눈'을 사로잡는 것입니다. 하지만 아무리 멋지고 세련된 이미지로 일시적인 관심은 끌어도, 그것만으로는 사람들을 움직일 수는 없습니다. 간혹 어떤 브랜드를 보면 멋진 사진들로 가득하지만, 자세히 보면 좋아요, 공유, 저장 등 실제적 사람들의 반응이 거의 없는 경우를 종종 보실 겁니다. 왜 그럴까요? 외적인 스타일만으로는 눈은 사로잡을 수 있지만, 사람의 '마음'은 움직이지 못하기 때문입니다. **스타일이 첫인상을 결정하는 것이라면, 스토리는 '관계'를 만드는 과정입니다.**

거리에서 매력적인 이성을 봤다고 가정해 보죠. 세련된 옷차림과 멋진 외모에 순간 눈길이 갑니다. 하지만 그저 보고 지나가면 그때뿐입니다. 기억에서 금세 사라지죠. 하지만 만약 그 사람과 커피 한 잔을 마시며 대화를 나누게 된다면? 그의 생각과 가치관, 살아온 이야기를 듣게 된다면? 그 순간부터 그는 단순히 '스쳐 지나간 사람'이 아닌 '특별한 누군가'로 기억되기 시작합니다. 브랜드도 마찬가지입니다. 앞서 브랜드의 문제해결력을 '욕망'에서 찾고, '스타일'로 누군가의 시선을 사로잡았다면 이제는 이야기로 구체적으로 마음을 사로잡을 차례입니다.

지금까지 많은 브랜드가 스토리에 관해 이야기할 때, '회사 소개', '창업 계기', '철학 문구' 정도로 생각해 왔습니다. 홈페이지 '회사 소개' 페이지에 창업자의 프로필과 회사 연혁을 장황하게 써놓고, 가끔 SNS에 "고객을 최우선으로 생각합니다" 같은 뻔한 창업 이야기를 올리면 그것으로 충분하다고 여겼죠. 하지만 안타깝게도 사람들은 그런 이야기에 별 관심이 없습니다. "저희 제품은 천연 성분 99%로 만들어져 안전합니다"라고 하면 사람들이 믿을까요? 아닙니다. 이런 말들은 모든 브랜드가 하는 뻔한 이야기일 뿐입니다.

반면, "아토피로 고생하던 제 딸을 위해 2년간 연구한 끝에 만든 제품입니다." 그리고 실제로 그 딸의 회복 과정을 보여주고, 아토피로 비슷한 고민을 한 사람들이 이 제품을 쓰고 회복된 사례의 이야기가 계속 공유된다면? 사람들은 이 실제 이야기에 마음이 끌려 단순한 제품이 아닌 '희망'을 사는 기분이 들 것입니다. 이것이 바로 진짜 이야기의 힘입니다.

모든 브랜드에는 이야기가 있습니다. 비주얼 브랜드텔링은 바로 이 진짜 이야기로 사람들의 마음을 움직입니다. 사람들은 완벽하게 포장된 광고 문구와 말이 아닌, 진실하고 구체적인 사람의 이야기에 마음을 엽니다. 사람들은 이야기를 들려주면 반응하지만, 눈으로 보여주면 더 신뢰합니다. 과장된 화려함을 넘어서 진실한 브랜드의 이야기. 여러분의 브랜드에도 분명 특별한 이야기가 숨어 있습니다. 이제부터 여러분의 브랜드에 숨어 있는 진짜 이야기를 찾아내고, 그것을 강력한 이미지로 설득하는 구체적인 방법들을 함께 살펴보겠습니다.

"모든 브랜드에는 이야기가 있다."
Every brand has a story.

▎브랜드가 이미지로 이야기하는 법

여러분의 브랜드에도 이야기가 있습니다.

브랜드를 처음 시작할 때의 열정, 세상을 더 나은 곳으로 만들고자 했던 미션, 고객들과 만들어가는 경험. 크고 작은 브랜드 에피소드들이 모두 브랜드의 이야기가 될 수 있습니다. 중요한 것은 이 이야기들을 어떻게 효과적으로 전달할 수 있는가입니다.

비주얼 브랜드텔링은 이야기를 말이나 글로 설명하지 않습니다. 대신 사진이나 영상(쇼츠)과 같은 강렬한 원 컷으로 보여줍니다. 그 원 컷 안에 브랜드의 맥락, 철학, 감정이 녹아 있어야 합니다.

바로 이 부분에서 필요한 것이 **'브랜드 에디토리얼**Brand Editorial**'** 입니다. '브랜드 에디토리얼' 또는 '브랜드 다큐멘터리'란 브랜드의 이야기를 하나의 관점에서 잘 엮어내는 것입니다. 잡지를 떠올려 보세요. 에디터는 단순히 사진을 모으는 게 아니라, 하나의 관점으로 이야기를 엮어냅니다. 큰 주제를 잡고, 취재하고, 글을 쓰고, 사진을 찍고, 디자인을 입히며 스토리를 하나의 서사로 완성합니다.

브랜드 에디토리얼도 마찬가지입니다. 제품 사진, 고객 후기, 제작 과정, 브랜드 철학 등 이 모든 조각을 '우리는 어떤 브랜드인가'라는 하나의 서사로 엮어내는 것입니다. 다양한 소재에 의미를 부여하고, 일관된 관점으로 연결하여 브랜드만의 이야기를 완성하는 작업이죠. 즉, "무엇을 보여줄 것인가?"가 아니라, "어떤 의미를 담아, 어떻게 엮을 것인가?"가 핵심입니다. 그럼 내 브랜드의 이야기를 어떻게 엮어야 사람들의 마음을 사로잡을 수 있을까요?

사람의 마음을 움직이는 이야기에는 네 가지 중요한 속성이 있습니다.

공감: 내가 아닌 그들이 듣고 싶은 이야기

브랜드가 말하고 싶은 이야기보다, 고객이 듣고 싶은 이야기를 먼저 생각해야 합니다. 고객이 겪는 불편, 바라는 변화, 감정적 욕망에 공감하며 '이건 내 이야기야!'라는 시선으로 접근해야 합니다. 이야기를 찾는 제일 첫 번째 과정은 상대방과 공감할 수 있는 기준에 의미를 부여하는 것입니다.

가치: 우리가 바라보는 세상

브랜드는 단지 무언가를 제공하는 것을 넘어, 어떤 세상을 만들고 싶은지 말하는 존재입니다. 그 가치를 비주얼 안에 담아내는 일, 즉 브랜드가 지향하는 철학이 담긴 이야기를 보여줘야 합니다. 브랜드가 지금까지 지내오면서 어떤 가치와 세계관을 지향해 왔는가를 돌이켜 보고, 브랜드의 가치를 담은 이야기를 찾아야 합니다.

신뢰: 진정성 있는 이야기

광고 같지 않은 것, 꾸며내지 않은 것, 실제로 존재하는 사람과 경험이 느껴지는 이미지는 브랜드의 가장 강력한 무기가 됩니다. 특히 불완전하지만 살아 있는 디테일이 진정성을 보여줍니다. 억지로 만들어낸 이야기는 한계가 있습니다. 브랜드가 실제로 겪은 진짜 이야기를 찾아야 합니다.

공유: 자발적으로 퍼져나가는 이야기

이야기는 퍼져나가는 속성이 있습니다. 사람들은 좋은 이야기를 만나면, '이걸 누구한테 보여주고 싶다'는 행동을 하게 됩니다. 브랜드 이미지도 마찬가지입니다. 공감과 감정이 충분히 담긴 퍼져나갈 수 있는 이야기를 찾아야 합니다.

이 네 가지 요소는 실제 브랜드에서 어떻게 활용될까요? 제가 즐겨 주문하는 '컨비니'라는 음식 커머스 회사가 있습니다. '사람이 보이는 음식'이라는 슬로건을 내세운 이 브랜드는 네 가지 요소를 훌륭하게 담고 있습니다.

　그들은 먼저 '믿고 먹을 수 있는 진짜 음식'에 대한 소비자의 갈망에 공감합니다(공감). 전국의 생산자를 찾아 제조 과정을 투명하게 기록하는 것이 그들의 철학이죠(가치). 가장 인상적인 것은 제품 패키지마다 실제 생산자의 얼굴을 프린트한다는 점입니다(신뢰). 이 모든 과정을 사진과 영상으로 기록해 미디어 콘텐츠로 만들고, 사람들은 이를 자발적으로 공유합니다.

　이처럼 컨비니는 자신들의 철학을 가지고 수많은 생산자의 소재를 하나의 브랜드 이야기로 잘 엮어냈습니다. 같은 음식 커머스 브랜드라도, 대부분 그저 제품을 '맛있게' 찍는 데만 집중해 왔다면, 그들이 전하는 전국 800여 산지의 브랜드 스토리는 아무도 대체할 수 없는 강력한 브랜드 자산이 되었습니다.

출처: 컨비니 홈페이지

이야기에는 사람을 움직이는 힘이 있습니다. 만일 사람들이 내 이야기에 반응하지 않는다면, 공감 없는 자기 이야기만을 전하고 있지는 않는지, 가치를 보여주기보다 제품만 보여주고 있지는 않는지, 신뢰가 보이지 않는 인위적 가짜 이야기를 전하고 있지는 않는지를 점검해 보아야 합니다.

이런 이야기는 절대로 사람들에게 퍼져나가지 않습니다. 공감으로 마음의 문을 열고, 가치로 연결되고, 신뢰로 깊어지며, 공유로 확산하는 선순환 구조. 이것이 사람을 움직이는 브랜드 스토리의 본질입니다. 자, 이제 질문해 보겠습니다. 나의 브랜드 이야기는 이 네 가지를 담고 있나요?

공감, 가치, 신뢰, 공유. 이야기의 선순환이 브랜드를 만든다.

▎ 공감: 고객은 어떤 이야기에 빠져드는가?

유난히 어떤 이야기에 귀가 기울여지는 이유가 있습니다.

바로 '공감'을 일으킬 때입니다. 사람들이 브랜드의 광고나 스토리에 관심이 없는 이유는 간단합니다. 나와 상관없는 이야기이기 때문이죠. 그런 이야기는 SNS, 유튜브, TV를 통해 하루에도 수백 개씩 우리에게 쏟아집니다. 모든 브랜드가 자신의 이야기를 전하지만, 모든 사람의 마음을 움직이지는 않습니다. 왜일까요? 사람은 오직 '자신과 관계있는 이야기'에만 귀를 기울이기 때문입니다. 아무리 감동적인 스토리라도, 내 삶과 무관하다고 느끼면 그저 스쳐 지나갈 뿐입니다.

사람의 마음이 움직이는 순간은 공감 있는 이야기를 만날 때입니다.

프랑스어로 '라포Rapport'라는 말이 있습니다. 라포는 사람과 사람 사이에 생기는 상호 신뢰 관계를 말하는 심리학 용어입니다. 브랜드가 이야기로 누군가의 마음을 사로잡기 위해서는 먼저 그들과 공감할 수 있는 라포가 형성되어야 합니다.

그렇다면 라포는 언제 형성될까요? 라포는 '내가 찾던 것', '지금 나에게 필요한 것', '나의 결핍을 해결해 줄 것'과 만날 때 시작됩니다. 따라서 브랜드는 먼저 상대의 관점에서 그들에게 무엇이 필요한지를 깊이 이해해야 합니다. 어떤 화려한 이야기라도 사람은 자신과 상관없다면 반응하지 않습니다. 그래서 진정한 공감은 말하는 사람이 아닌, 듣는 사람의 관점에서 시작되어야 합니다.

스위첸의 '문명의 충돌' 광고를 기억하시나요? 시간이 좀 지났지만 라포를 완벽하게 형성했던 기억에 남는 광고 중 하나입니다. 스위첸의 브랜드 메시지는 '평생 살고 싶은 집Lifetime Home'입니다. 하지만 그들은 자신들의 건축 기능이나 기술을 설명하지 않았습니다. 대신 누구나 겪을 법한 공감의 이야기를 선택했습니다. 그들이 주목한 것은 바로 '평생 살고 싶은 집'에서 살아가는 사람들입니다. 집에서 살아가는 가족, 그중에서도 처음으로 가족을 형성해 가는 신혼부부의 이야기에 귀를 기울입니다. 그들이 주목한 이야기는 무엇이었을까요?

1편 '문명의 충돌':
결혼 후 함께 살아가는 부부가 서로 다른 생활 방식 때문에 겪는 갈등.

2편 '신문명의 출현':
부부에게 아이가 생기면서 벌어지는 또 다른 갈등.

이 광고에는 스위첸 아파트의 구조, 디자인, 서비스에 대한 설명이 단 한 줄도 없습니다. 오로지 집에서 살아가는 사람들의 이야기만 있을 뿐입니다. 영상에서는 모든 신혼부부가 한 번쯤 겪었을 것 같은 이야기로 구성되어 있습니다. 아이를 낳은 후에도 마찬가지죠. 평생 살아가는 집에서 이루어지는 것은 광고 속의 완벽하고 화려한 모습이 아닙니다. 살다가 서로 부딪히고, 위로하고, 웃고, 울고 서로 보듬어가며 어우러지는 관계가 바로 모든 가족이 겪는 실제 이야기입니다. 가정을 꾸린 사람이라면 이 이야기에 과연 어떤 감정을 느꼈을까요? 신혼을 겪어 본 이들이라면 부부 사이에 있었던 수많은 희로애락의 순간들이 영상을 보면서 생각나 피식 웃음이 나올 겁니다. 아이를 키워본 부모라면 아기가 신생아 때 겪었던 수많은 우여곡절과 마음 졸이는 순간들이 기억날 겁니다.

이 광고가 이렇게 많은 사랑을 받은 이유는 무엇이었을까? 바로 '집의 겉모습 이야기'가 아니라 '집에서 살아가는 사람

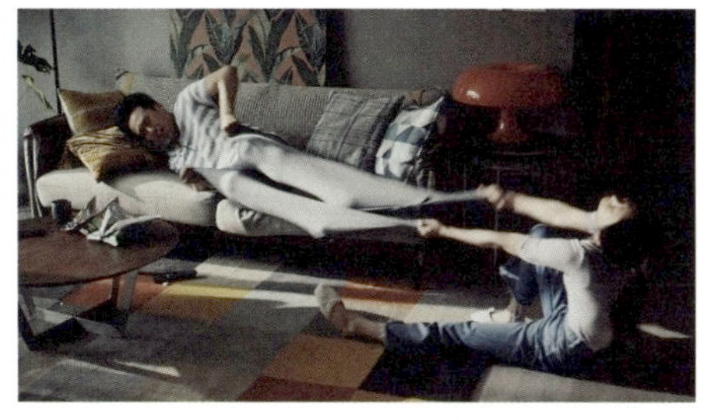

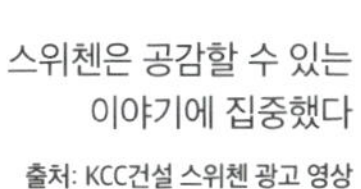

스위첸은 공감할 수 있는
이야기에 집중했다
출처: KCC건설 스위첸 광고 영상

들을 위한 이야기'였기 때문입니다. 그들의 브랜드 가치를 전달하기 위해, 스위첸은 모든 사람을 대상으로 한 것이 아니라, '부부'라는 특정 대상에 집중했습니다. 이야기로 모든 사람을 만족시키려다 보면, 결국 아무도 만족시키지 못합니다. 차라리 진짜 우리 브랜드를 필요로 하는 소수에 집중해야 합니다. 스위첸의 지난 광고들을 살펴보면 그들은 꾸준히 집이라는 공간에서 공감할 수 있는 이야기를 찾아왔습니다.

한 가지 사례를 더 볼까요? '걸프렌드 콜렉티브Girlfriend Collective'는, 다른 경쟁 브랜드들이 완벽한 몸매의 모델들만 내세울 때 완전히 다른 접근법을 선택했습니다. 그들은 '실제 여성들의 다양한 체형'에 초점을 맞췄습니다. 이들의 SNS와 홈페이지에는 전문 모델이 아닌 다양한 체형, 나이, 인종의 일반 여성들이 그들의 제품을 입은 모습이 가득합니다. XXS부터 6XL까지 폭넓은 사이즈를 제공하며, 그들의 광고 이미지는 완벽함보다는 '진짜 나'에 가까운 모습을 보여줍니다. 그들은 고객들의 사진을 적극적으로 리포스팅하며 실제 사용자들의 경험을 브랜드 스토리의 중심에 둡니다. '완벽한 몸매를 위한 옷'이 아니라 '당신 그대로의 몸에 잘 맞는 옷'이라는 메시지를 일관되게 전달합니다.

이들의 타깃은 명확합니다. 모든 여성을 위한 광범위한 메

출처: Girlfriend Collective 인스타그램

시지가 아니라, '자신의 몸에 불편함을 느끼는 여성들'이라는 특정 집단에 초점을 맞추어 강력한 공감대를 형성했습니다. 그리고 그 공감은 충성 고객을 만들어내는 원동력이 되었습니다. 〈뉴욕타임스〉와 〈보그〉도 이들의 스토리에 찬사를 보냈죠. 이처럼 강한 공감대를 형성한 브랜드텔링 고객은 충성합니다.

스토리는 누구나 만들 수 있습니다. 하지만 진짜 사람의 마음을 움직이는 것은 공감입니다. 경영학의 대가 피터 드러커는 "좋은 광고란 무엇인가?"라는 질문에 "내 이야기를 하는 것 같은 느낌을 주는 광고"라고 했죠. 많은 브랜드가 이야기를 하지만, 결국 내가 공감하는 이야기만 살아남습니다.

이제 스스로 질문해 보겠습니다. 여러분의 브랜드는 누구의 어떤 문제에 공감하고 있나요? 그들이 진짜 듣고 싶은 이야기는 무엇인가요? 모든 사람을 만족시키려 하지 말고 진짜 여러분의 브랜드를 필요로 하는 '그 한 사람'을 찾으시길 바랍니다. 그리고 그들이 듣고 싶은 이야기를 들려주세요. 공감을 통해 라포가 쌓이면, 여러분의 브랜드는 사람들의 삶 속에서 기억되는 존재가 될 수 있습니다. 그리고 그것은 '공감을 불러일으키는 이야기'에서 시작됩니다.

'이건 내 이야기야!' 라고 느낄 때 사람의 마음은 움직인다.

▎가치: 파타고니아는 왜 제주에서 다큐를 찍을까?

수많은 브랜드가 멋진 브랜드 철학과 슬로건을 강조합니다.

"우리는 친환경을 지향합니다."
"우리 제품은 지속 가능성을 고려합니다."
"우리 브랜드는 자연을 보호합니다."

하지만 과연 고객들은 이 말들을 얼마나 신뢰할까요? 단순히 "우리는 환경을 보호합니다"라고 말하는 것만으로는 사람들의 신뢰를 얻을 수 없습니다. 진정한 비주얼 브랜드텔링은 그 가치를 실제 이야기를 통해 직접 '보여주는' 것에서 시작됩니다.

대표적인 예로 파타고니아의 스토리텔링을 살펴볼까요? 파타고니아는 "우리는 자연을 지키는 브랜드입니다"라고 말하는 대신, 제주도에서 한 여성 다이버와 해녀의 이야기를 다룬 다큐멘터리를 제작했습니다. 새벽 바다, 차가운 물살을 가르며 물속으로 들어가는 해녀의 모습. 그리고 낯선 제주도에 찾아온 젊은 외국 여성 다이버 키미 베르너Kimi Werner. 파타고니아의 다큐멘터리 〈Lessons from Jeju〉는 그렇게 시작됩니다.

왜 글로벌 아웃도어 브랜드는 제주 해녀의 이야기를 선택했을까요? 영상의 스토리는 제주 해녀를 찾아간 한 여성 다이버의 이야기입니다. 주인공 키미는 임신 7개월 차였습니다. 프리다이버로서의 삶과 곧 엄마가 될 자기 모습이 양립할 수 있을까 고민하며 자신의 영웅인 해녀를 만나기 위해 제주도로 향했습니다.

왜 해녀였을까요? 해녀는 한국 최초의 '직장인 어머니들'입니다. 그들은 수 세기 동안 바다를 삶의 터전으로 삼아 가족을 부양한 여성들이었습니다. 여든이 넘은 나이에도 여전히 물속을 헤엄치며 자연과 조화를 이루며 살아가고 있습니다. 키미는 제주에서 만난 해녀들에게 이런 질문을 던졌습니다.

"엄마가 된다는 건 바다를 떠나야 한다는 의미일까요?"

키미가 던진 질문에 해녀들은 이렇게 대답합니다.

"우린 집에서 애 낳고 일주일밖에 몸조리 못 했어."
"얼마 후 다시 바다에 들어가면, 다른 엄마가 애를 봐줬지."

해녀들은 여성으로서 가족을 부양했고, 서로를 지켜주었으며, 세대를 이어 전통과 지혜를 전했습니다. 그들의 대화는 국적은 달라도, 여성으로 어머니로서 또 한 전문 직업인 여성으로서 자연과 더불어 살아가는 삶의 가치를 느끼게 합니다.

이것이 바로 **진짜 이야기의 힘**입니다. 파타고니아는 "우리는 자연을 지킵니다"라고 말하지 않았습니다. 대신 '그들은 자연과 더불어 살아가는 사람'을 보여줍니다. 영상의 마지막, 키미가 출산하는 모습으로 이야기는 끝납니다. 그리고 마지막의 섬세한 기획, 이 다큐멘터리를 '세계 여성의 날'에 공개했습니다. 이 다큐멘터리는 더 이상 단순한 친환경 광고가 아닙니다. 여성, 자연, 그리고 세대를 잇는 장대한 서사가 되었습니다. 이 한 편의 이야기가 파타고니아의 모든 가치와 철학을 담아냈습니다.

브랜드의 가치는 말로 다 설명하기 어렵습니다. 대신 사람들이 깊이 공감할 수 있는 실제 스토리에 자연스럽게 녹여내면 사람들은 그 가치에 더 공감할 수 있습니다. 브랜드의 가치가 사람들에게 각인되는 순간은, 그것이 단순한 문장이나 캠페인이 아니라 하나의 완성된 진짜 서사가 될 때입니다. 이것이 "파타고니아는 환경 보호를 중요하게 여긴다"라고 말하는 것보다, 제주 해녀들의 삶과 철학을 담은 스토리가 훨씬 더 강렬하게 기억되는 이유입니다.

파타고니아 <Lessons from Jeju>
출처: 파타고니아 유튜브

그렇다면 우리는 어떻게 브랜드의 가치를 이야기로 만들 수 있을까요? 파타고니아처럼 거창한 다큐멘터리를 만들어야만 할까요? 꼭 그런 것은 아닙니다. 중요한 것은 형식이 아니라 진정성입니다. **만일 여러분의 브랜드가 가지고 있는 소중한 가치와 철학이 있다면 그것을 실제로 삶으로 살아내는 '사람'을 찾아보세요.** 환경을 생각한다면 환경을 지키며 사는 사람을, 전통을 지킨다면 그 전통을 이어가는 사람을 찾으세요. 그리고 그들의 이야기를 담으세요.

제품 이야기를 안 해도 좋습니다. 사람들은 제품이 아니라 가치를 사기 때문입니다. 말로 "우리는 환경을 생각합니다"라고 백번 말하는 것보다 바다를 지키며 사는 한 사람의 이야기가 더 강력합니다. 비주얼 브랜드텔링의 본질은 이것입니다. 여러분의 가치를 살아가는 사람을 찾아 그들의 삶을 기록하는 것.

말하지 말고, 보여주세요.

사람들은 제품을 사는 것이 아니라 가치를 산다. 그 가치를 살아가는 사람들의 이야기를 찾아라.

▌신뢰: 그들은 왜 매장에 브랜드 스토리를 걸어둘까?

간혹 어느 매장에 들어가면 벽면에 걸린 사진에 유독 눈이 가는 브랜드가 있습니다.

한번은 상하이에 브랜드 탐방을 갔을 때 프라이탁FREITAG 매장에 들렀습니다. 눈에 가는 것은 매장 벽에 방수포가 가방이 되어가는 과정이 에피소드처럼 사진으로 걸려 있었습니다. 무지 매장에 방문했을 때는 계산대 뒤에 '기분 좋은 것은 어째서일까?'라는 문구와 함께 카펫을 청소하는 사람들의 모습을 담은 대형 사진이 걸려 있습니다. 이케아 매장에서도 '여성과 소녀들의 성공을 위해'라는 문구와 함께 다양한 나라 어린이들의 모습이 매장 벽을 장식하고 있었고, 스타벅스 매장에는 커피 농장 사진이 걸려 있었습니다.

MUJI 카운터 벽면

IKEA 매장 벽면

FREITAG 제품 진열대 뒤 벽면

STARBUCKS RESERVE

왜 브랜드들은 이런 이야기를 담은 사진을 벽에 걸어둘까요?

이 사진들은 단순한 인테리어가 아닙니다. 보이지 않는 브랜드의 가치를 '보이게' 하는 장치입니다. 그리고 그것이 바로 '신뢰'를 만드는 방식입니다.

브랜딩에서 '신뢰'는 모든 것을 결정합니다. 같은 가격, 같은 품질의 제품이라도 결국 고객이 신뢰하는 브랜드를 선택하게 되어 있습니다. 하지만 이 신뢰를 쌓는 것은 하루아침에 되는 것이 아닙니다. 특히 요즘처럼 수많은 경쟁 브랜드가 있는 상황에서는 더욱 그렇습니다.

몇 년 전 '테오브로마Theobroma'라는 브랜드의 대표가 고민을 털어놓았습니다. "저희는 수제 초콜릿 브랜드인데, 다른 브랜드와의 경쟁이 쉽지 않네요. 어떻게 하면 그들과 차별화를 만들 수 있을까요?" 대화를 나누고 브랜드의 이미지와 다른 브랜드의 이미지를 관찰해 보았습니다. 비슷한 섬네일과 상세페이지 속에서 초콜릿에 대한 강한 임팩트를 만들 이미지를 찾기 어려웠습니다. 아이러니하게도 브랜드의 대표가 말하는 수제의 모습을 잘 찾아볼 수 없었습니다. 말로는 수제 초콜릿이라고 강조하면서 멋진 제품 사진에만 집중했지, 그 어떤 사진에도 수제 초콜릿에 대한 명확한 설명이 보이지 않았습니다.

"정말 수제 초콜릿이라구요? 그럼, 진짜 만드는 걸 보여주세요."

'손으로 직접 만든 초콜릿'을 보여줘라

우리는 실제 초콜릿이 만들어지는 모든 과정을 담은 이 한 장의 이미지를 제품 설명에 가장 먼저 보이게 했습니다. 실제로 초콜릿을 만드는 한 장의 사진이 모든 것을 설명합니다. 긴 설명이 필요 없습니다. 직접 하나하나 손으로 초콜릿을 만드는 과정을 담은 한 장의 사진이 '수제 초콜릿'이라는 메시지를 완벽하게 전달했습니다. 결과는 어땠을까요? 며칠 후 대표에게 연락이 왔습니다.

"작가님, 이번에 완판되었어요!"
브랜드의 신뢰는 브랜드가 말하는 것과 실제가 일치하는 것입니다. 겉으로 포장된 모습이 아닌, 있는 그대로의 솔직한 모습을 보여주는 것입니다. 신뢰는 말할 때가 아니라 직접 보여주면서 증명해야 더 큰 효과를 얻을 수 있습니다. 이처럼 브랜드의 겉으로 보이지 않는 비하인드 씬Behind Scene을 보여주는 것은 매우 효과적인 브랜드텔링의 방법입니다. 이 책을 읽는 여러분의 브랜드를 만들기까지 얼마나 많은 고민과 과정을 거쳤는지 생각해 보세요. 하지만 고객이 전혀 그 이야기를 모른다면 어떨까요?

화려함 뒤에 숨은 브랜드의 진짜 이야기는 단순한 '과정 공유'가 아닌 브랜드의 진정성을 증명하는 가장 강력한 도구입니다. 말로만 "우리는 친환경 브랜드입니다"라고 하면, 고객은 의심합니다. 하지만, 재활용 원단이 만들어지는 과정을 직접 보여주면, 고객은 신뢰합니다. "우리는 장인이 직접 제작합니다"라는 광고 문구보다, 실제 장인의 작업 과정이 담긴 사진 한 장이 더 강한 설득력을 가집니다.

한번은 우리나라에 몇 남지 않은 대장간을 촬영한 적이 있습니다. 형 류상준, 동생 류상남 두 형제가 운영하는 한국에 몇 안 되는 '형제대장간'. 이들은 50년 넘게 대장간에 불을 지피고 쇠를 두드리며 살아온 형제입니다. 이 대장간에는 오래된 단골이 많습니다. 대장금, 태왕사신기 등의 드라마 소품을 제작하

ⓒ홍우림

형제 대장간 /
류상준, 류상남 형제와
박카스 60주년 광고

출처: 박카스 광고 영상

기도 했죠. 이 형제들이 50년 넘게 대장간 일을 하는 여정 그 자체가 하나의 신뢰 높은 서사가 됩니다. 이런 스토리를 기가 막히게 잘 찾아낸 브랜드가 있습니다. 바로 '박카스'입니다.

박카스는 60주년 광고의 주인공으로 형제대장간을 선택했습니다. 놀랍게도 광고는 단 한 컷입니다. 바로 어둠 속 대장간에서 망치를 두드리는 장면. 15초 동안 실제 대장간의 망치를 두드리는, 치열한 삶의 자리가 만드는 소리만 들릴 뿐입니다. 그리고 박카스는 한마디만 전합니다. '박카스 60년, 앞으로도 함께 하겠습니다.' 그리고 끝.

새벽부터 밤까지 쇠를 달구고 망치를 두드린 시간. 그 원 컷 속에 50년의 세월이 담겨 있습니다. 박카스는 자신들의 제품은 전혀 보여주지 않습니다. 대신 오랫동안 묵묵히 일해온 사람들에 대한 존중을 보여줄 뿐입니다. 이것이 바로 신뢰를 만드는 브랜드텔링입니다. 진짜 이야기의 서사 위에 브랜드를 올리면 더 강한 신뢰가 완성됩니다.

결국, 브랜드가 신뢰를 얻는 방법은 단순합니다. 말이 아닌, 진짜 스토리로 보여주는 것입니다.

내가 걸어온 진짜 이야기가 있다면 솔직하게 보여줘라.

▍ 공유: 스스로 퍼져나가는 이야기를 만드는 법

이야기는 스스로 퍼져나가는 속성이 있습니다.

"이 영상 봤어? 나 울었다…."
"이거 너 이야기 같다. ㅎㅎ"
"이거 가봐야 하는 거 아님?"

이런 대화는 요즘 사람들의 DM으로 흔히 오가는 대화입니다. 우리는 매일 누군가가 공유한 콘텐츠를 보고, 듣고, 느낍니다. 콘텐츠를 보다 어떤 이야기에 공감하면 반사적으로 공유 링크를 친구나 가족에게 보냅니다. 누군가는 SNS에서 "이거 우리 얘기 아니야?"라며 태그합니다. 유튜브에서 우연히 본 광고가 뇌리에 박혀, 결국 브랜드를 검색하게 됩니다.

브랜딩에서 스토리가 중요한 이유는, 단순히 브랜드를 기억하게 만드는 것이 아니라, '스스로 퍼져나갈 힘'을 갖기 때문입니다. 사람들은 혼자 콘텐츠를 소비하지 않습니다. 재미있으면 공유하고, 감동하면 친구에게 보내고, 공감되면 확산시킵니다. 바로 이것이 바이럴 Viral의 힘입니다.

왜 어떤 브랜드 스토리는 빠르게 퍼지고, 어떤 것은 사라질까요? 그 차이는 바로 비주얼에 있습니다. 이미지는 말보다 빠룹니다. 긴 글을 읽지 않아도 한 장의 사진이 감정을 전달하고, 3초짜리 영상이 브랜드의 철학을 각인시킵니다. 사람들은 글은 건너뛰어도, 이미지는 멈춰서 봅니다. 공유되는 이미지에는 분명한 원리가 있습니다. 바로 '공감 – 참여 – 확산'의 사이클입니다.

공감: '저건 내 얘기야'라고 느끼는 순간.

참여: 댓글을 달거나, 챌린지에 동참하거나, 리믹스나 패러디를 만들 때.

확산: 알고리즘이 유용한 콘텐츠라고 판단해 더 많은 사람에게 노출시킬 때.

이 선순환이 반복되면 공유의 힘은 더욱 가속화됩니다. SNS의 리그램, 틱톡 챌린지도 모두 같은 원리를 따릅니다. 브랜드가 바이럴을 원한다면, 그 스토리는 단순한 광고가 아니라 사람들이 자발적으로 퍼뜨리고 싶은 이야기여야 합니다. 바이럴을 만드는 것은 '우연'이 아니라, 구조적으로 설계하는 것입니다.

몇 해 전 보훈의 달을 맞이하여, 서울시와 6.25 정전 70주년을 기념 캠페인을 진행한 적이 있습니다. 매해 반복되는 형식적인 캠페인이 아닌 의미 있는 진짜 이야기를 찾던 중 우연히 한 참전용사님의 지갑 속에 낡은 사진을 발견하였습니다.

바랜 사진 속 앳된 얼굴의 청년은 70년이 지나 이제 늙은 노신사가 되어 있었습니다. 저는 이런 사진이 더 있을 것 같아서, 서울 시민들과 함께 한국전쟁에 참전했던 옛 모습을 담은 사진을 수집했습니다. 서울 시민분들의 적극적인 참여로 수많은 사진이 모였고, 정전 70주년의 70이라는 숫자를 모아온 사진들로 디자인하여 다음의 메시지를 전했습니다.

'70년이 지나도 당신은 영웅입니다.'

이 메시지는 한 달 동안 서울시청 건물 외벽 꿈새김판을 통해 전해졌습니다. 그리고 저는 이 사진 속 주인공들을 찾아뵙고 70년 전 영웅들의 모습을 그대로 다시 카메라에 담았습니다. 이분들 중에는 영화 〈장사리: 잊혀진 영웅들〉의 실제 주인공인 학도병 류병추 참전용사님도 계셨습니다. 펜을 들어야 할 어린 나이에 총을 들고 총알받이가 된 수많은 동료를 여전히 기억하시며 눈물을 흘리셨던 류병추 선생님의 과거와 현재의 모습을 서로 나란히 함께 연결시켰습니다.

서울특별시 참전용사 캠페인 <70년이 지나도 당신은 영웅입니다>

출처: KBS 9시 뉴스 영상 캡처

낡은 전쟁 영웅의 바랜 사진과 곱게 늙은 노신사의 사진은 SNS에 게시되었고, 이후 참전용사님에 대한 감사의 댓글들이 쏟아지며, 다시 리그램이 되어 빠르게 SNS에서 확산하기 시작했습니다. 그렇게 이야기는 흘러 흘러 다시 누군가에게 전파되었고, 어느덧 KBS 〈9시 뉴스〉의 엔딩까지 장식하게 되었습니다.

이 캠페인의 보이지 않는 스토리 구조는 이렇습니다.

공감: 참전용사에 대한 예우, 영웅들을 잊지 않으려는 서울
　　　 시민들의 마음으로 시작.
참여: 70년 전 사진을 모으는 활동과 콘텐츠에 달린 수많은
　　　 존중의 댓글들.
공유: SNS를 통한 공유와 리그램의 확산.

그런데 여기서 재미있는 일이 일어납니다. 감사하게 캠페인이 성공적으로 마무리되고 나서 2년 후 다시 SNS에 이 콘텐츠가 바이럴되기 시작했습니다. 요즘처럼 AI 기술과 관련된 콘텐츠가 많아지던 때에 〈AI 기억복원소〉라는 유튜브 채널에서 그때 캠페인 사진을 가지고 과거와 현재의 참전용사님이 함께 만

©홍우림
2년 후 다시 AI로
리메이크된 영상

출처: AI 기억복원소

나는 100만 조회수가 넘는 영상으로 재바이럴 되었습니다. 캠페인의 특성상 시간이 지나면 잊힐 수도 있는 의미 있는 이야기가 2년이 지나 또 다른 콘텐츠로 재생산되어 다시 새롭게 바이럴이 되었습니다.

이처럼 시간이 흘러도 좋은 이야기는 계속 퍼져나가는 속성이 있습니다. 제가 운영하는 RE.BRAND 계정에서 가장 많이

186 / 187

바이럴이 되었던 콘텐츠의 경우 광고 없이 약 360만 회의 바이럴을 기록했는데, 360만 명은 어느 정도의 규모일까요? 상암 축구장 최대 인원이 6만 6천 명으로, 경기장을 꽉 채웠을 때 약 55개의 축구장 규모입니다. 만일 그 많은 사람이 여러분의 브랜드 이야기를 듣게 된다면 어떨까요? 이것이 바로 무서운 비주얼 브랜드텔링의 힘입니다.

좋은 이야기는 그대로 끝나지 않습니다. 한 번 사람의 마음에 닿으면, 그 마음이 또 다른 사람의 손끝으로 전해지고, 그 손끝이 다시 세상으로 흘러갑니다. 브랜드의 스토리도 마찬가지입니다. 내가 진심으로 만든 이야기라면, 언젠가 누군가의 손에 의해 다시 살아납니다. 이야기는 브랜드보다 오래 남습니다. 그리고 그 이야기를 남긴 브랜드는, 사람들의 기억 속에서 '사라지지 않는 브랜드'가 됩니다.

**좋은 이야기는
그냥 끝나지 않는다.
계속 회자되며 또 다른
누군가에게 전해진다.**

▎진정성을 어떻게 보여줄 수 있을까?

우리는 매일 수천 개의 이미지에 노출됩니다.

인스타그램, 유튜브, 광고판, TV…. 끊임없이 쏟아지는 시각적 메시지들 속에서 우리는 어떤 이야기가 진짜이고 어떤 이야기가 연출된 것인지 쉽게 구별하기 어렵습니다. 화려해 보이는 인플루언서의 SNS, 완벽해 보이는 제품 사진들, 감동을 만들어내려는 브랜드 스토리. 하지만 이 모든 것이 실제일까요?

카메라 뒤에 보이지 않는 인플루언서의 실제 모습, 음식 촬영을 위해 요리에 본드를 바르고, 서로 다른 배우가 연기를 위해 가족이 되고, 대본대로 읽는 가짜 고객 후기, 거기에 더해 이제는 AI가 실제와 구분할 수 없는 완벽한 이미지와 영상을 쏟아냅니다.

그런데 놀랍게도 사람들은 이제 가짜를 쉽게 눈치채고 있습니다. 아이러니하게도 기술이 발전하여 완벽한 가짜를 만들 수 있게 된 시대에, **사람들은 오히려 '진짜'에 더 목말라하게 되었습니다.** 아무리 좋은 이야기라 할지라도 광고 속 연출된 것이라면 이제 사람들은 쉽게 알아차립니다. 사람들은 겉으로 보이는 것에 대해 브랜딩의 진정성에 대해 의심하기 시작합니다. 그럼 이런 시대에 브랜드는 어떻게 진정성을 전달할 수 있을까요?

답은 의외로 간단합니다. 진짜를 보여주면 됩니다. 연출하지 말고, 꾸미지 말고, 있는 그대로를 보여주는 것. 바로 '**리얼 스토리**Real Story' 입니다.

저는 브랜드 다큐멘터리 작가로서 실제 이야기를 카메라에 담을 때가 많습니다. 반대로 상업 촬영을 하다 보면 연출된 이미지를 촬영할 때도 있습니다. 같은 카메라, 같은 기술을 사용하지만, 둘은 전혀 다른 결과물을 만들어냅니다. 다큐 이미지와 연출된 상업 이미지의 차이는 무엇일까요?

연출된 이미지는 '이렇게 보였으면 좋겠다'는 바람을 담습니다. 완벽한 조명, 대본대로 움직이는 모델, 여러 번의 재촬영. 모든 것을 통제하고 예측 가능하게 만듭니다. 결과물은 완성도가 높지만, 실수가 없습니다.

반면, **다큐 이미지**는 '이것이 실제다'라는 사실을 보여줍니다. 현장에서 일어나는 그대로의 순간을 담습니다. 의도치 않은 자연스러운 순간이 갑자기 닥칩니다. 단 한 번뿐인 진짜 감정, 진짜 표정, 진짜 순간. 아무것도 통제할 수 없지만, 그래서 더 진실합니다.처음엔 연출된 작업이 더 멋져 보였습니다. 완벽하게 통제된 조명, 아름다운 구도, 흠 없는 결과물. 하지만 시간이 지나면서 리얼 스토리가 더 큰 힘을 발휘한다는 것을 깨달았습니다. 연출된 광고는 그 순간 멋지다는 반응을 얻지만, 리얼 스토리는 마음에 오래 남습니다. 완벽한 이미지는 눈을 사로잡지만, 진짜 순간은 마음을 움직입니다.

그렇다면 진짜의 순간은 언제 탄생할까요? 20세기 최고의 사진작가 앙리 카르티에 브레송Henri Cartier-Bresson이 남긴 유명한 말이 있습니다. 바로, '결정적 순간The Decisive Moment'입니다.

> "사진이란 순간적으로 인식한 의미의 조직화다.
> 형태와 내용, 감정과 지성이 완벽하게 균형을 이루는
> 그 한순간을 포착하는 것이다."
> – 앙리 카르티에 브레송

저는 브레송의 이 말이 진정성을 보여주는 일에 작은 단서가 될 수 있다고 생각합니다. 이미지에서 이 결정적 순간은 매우 중요합니다. 사진은 흐르는 시간에 셔터를 눌러 순간의 기억을 영원히 간직할 수 있는 매력이 있습니다. 브레송에게 결정적 순간이란 단순히 셔터를 누르는 타이밍이 아니었습니다. 그것은 형태와 의미가 완벽하게 조화를 이루는 찰나의 순간, 그 장면이 가진 본질적 진실이 자연스럽게 드러나는 순간을 의미했습니다.

이 결정적 순간의 개념을 브랜딩에 적용해 보면 어떨까요? 브랜드의 결정적 순간이란 브랜드의 본질과 가치가 가장 진정성 있게 드러나는 순간입니다.

많은 브랜드가 '진정성'을 이야기하지만, 정작 스튜디오에서 모든 것을 통제하고 조작합니다. 맛있는 진짜 음식에 본드를 붙여서 더 맛있어 보이게 과장하고, 환경주의를 가장한 그린워싱, 실제가 아닌 가짜 가족이 진짜 가족인 것처럼 연기를 합니다. 진정성은 이렇게 조작할 수 있는 것이 아닙니다. 그것은 브랜드가 실제로 살아가는 방식, 고객과 진짜로 만나는 순간에서만 발견됩니다.

서울시의 TV 광고를 제작할 때의 일입니다. 서울시는 자신의 브랜드의 이야기를 진정성 있는 스토리로 표현하고 싶어 했습니다. 보통 기관의 홍보영상은 대부분 모델을 고용해서 연기를 하며, 완벽하게 통제된 환경에서 광고를 제작합니다. 하지만 제 생각은 달랐습니다.

"서울시의 진정성을 담고 싶다면 진짜 시민들의 이야기로 전달해야 합니다."

서울시는 이 말에 공감하여 진짜 시민들의 이야기와 그 현장을 담을 수 있도록 협조해 주셨습니다. 그렇게 약 3개월 동안 서울 곳곳을 다니며 시민들의 진짜 일상을 찾기 시작했습니다. 연출이 필요해도 가능하면 실제 시민들을 섭외했습니다. 다소 예측 불가능하고 어려운 작업이었지만, 진정성은 그런 '통제되지 않은 순간'에서 발견된다고 믿었기 때문입니다. 그렇게 약 3개월 동안 날마다 벌어지는 서울의 축제들, 한강을 뛰는 사람들, '얍 판 츠베덴Jaap Van Zweden'의 서울시향 연주, 화려한 라이트 쇼 등 일 년 동안 일어나는 시민들의 실제 이야기를 카메라에 담았습니다. 넷플릭스 애니메이션 〈케이팝 데몬 헌터스〉의 열풍을 비롯해 한국에 관한 관심이 뜨거워진 가운데 카메라에 담았던 결정적 순간들이 모여 서울의 원 컷이 완성되었습니다.

브랜드의 결정적 순간을 포착한다는 것은 브랜드의 영혼을 담아내는 일입니다. 그것은 브랜드가 진짜 무엇인지, 어떤 가치를 추구하는지, 사람들의 삶과 어떻게 연결되는지를 가장 솔직하게 드러내는 순간들입니다. 이 과정에서 실패나 부족함을 두려워할 필요는 없습니다. 도리어 실패를 숨기는 대신 솔직히 보여주면 '그때는 이런 어려움이 있었지만, 지금은 이렇게 성장했다'라는 더 깊은 스토리가 됩니다. 완벽한 이미지보다 진

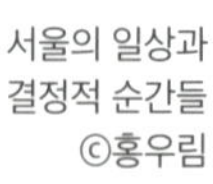

서울의 일상과
결정적 순간들
ⓒ홍우림

솔한 이미지가 더 큰 공감을 불러일으키기 때문입니다.

여러분 브랜드의 결정적 순간은 언제인가요? 고객이 나의 브랜드를 만나고 처음 미소 짓는 순간? 제품의 마지막 디테일을 완성하며 혼신을 기울이는 순간? 직원이 새벽부터 준비하며 집중하는 순간? 그 결정적 순간들은 지금도 일어나고 있습니다. 이제 카메라를 들고 여러분 브랜드의 진짜 이야기를 담을 때입니다.

진정성은 만드는 것이 아니라 결정적 순간을 발견하는 것이다.

▌이야기보다 중요한 건, 기억되는 것

지금까지 우리는 이야기가 가진 공감, 가치, 신뢰, 공유의 네 가지 속성과 진짜 이야기가 만들어 가는 진정성에 대해 살펴봤습니다. 공감은 사람의 마음을 엽니다. 가치는 브랜드를 따르게 합니다. 신뢰는 관계를 깊어지게 만듭니다. 공유는 이야기를 확산시킵니다.

이 모든 것이 담긴 진짜 이야기를 찾는다면 여러분 브랜드의 진정성을 전달할 수 있습니다. 하지만 많은 분들이 이런 생각을 하실 겁니다.

"좋은 내용이네. 그런데 우리 브랜드는 어떻게 시작하지?"

"우린 파타고니아처럼 큰 브랜드가 아닌데, 우리도 그런 스토리를 만들 수 있을까?"

"우리 브랜드에는 특별한 이야기가 없는 것 같은데…."

너무 걱정할 필요는 없습니다. 모든 브랜드에는 이야기가 있습니다. 아무리 작은 브랜드라도, 시작한 지 얼마 안 된 브랜드라도 반드시 고유한 스토리가 숨어 있습니다. 중요한 것은 그 이야기를 발견하고 보여주는 방법을 아는 것입니다. 마치 다이아몬드 원석이 적절한 커팅을 거쳐야 빛나는 보석이 되듯,

여러분의 브랜드 스토리도 올바른 방법으로 다듬어야 사람들의 마음을 움직일 수 있습니다.

그러면 나만의 브랜드 스토리를 찾기 위해서 어떻게 해야 할까요? 스토리를 찾기 전에 먼저 현재 상태를 진단해 봐야 합니다. 다음 체크리스트로 여러분의 브랜드를 한번 점검해 보세요.

- 창업 계기: 왜 이 사업을 시작하게 되었나요? 개인적인 경험이나 문제의식이 있었나요?
- 고객과의 에피소드: 기억에 남는 고객 피드백이나 감동적인 에피소드가 있었나요?
- 제품/서비스 개발 과정: 시행착오, 실패, 돌파구를 찾은 순간들이 있나요?
- 브랜드의 가치관: 일하는 방식, 고객을 대하는 태도에서 다른 곳과 다른 점이 있나요?
- 사회적 영향: 우리 브랜드가 고객이나 사회에 미친 긍정적 변화가 있나요?
- 독특한 과정: 제품을 만들거나 서비스를 제공하는 특별한 방식이 있나요?
- 비전과 철학: 단순히 돈을 벌기 위함이 아닌, 더 큰 목적이 있나요?

만약 위 항목 중 세 개 이상에 체크할 수 있다면, 여러분에게는 이미 충분한 스토리 소재가 있습니다. 이제 이것들을 어떻게 의미 있는 이야기로 엮어낼지만 고민하면 됩니다. 여기에 더하여 여러분이 하나의 좋은 주제를 찾았다면, 앞서 살펴보았던 '욕망'과 '스타일'의 요소를 어떻게 활용할지 고민해 보시기 바랍니다. 내가 찾은 브랜드 스토리 주제가 과연 어떤 문제를 해결하는지를 찾고, 그것을 나만의 비주얼 시스템을 구축하여 꾸준히 이야기를 기록해 가는 것에서 나만의 이야기가 시작될 수 있습니다.

요즘 인스타그램 릴스에서 스몰브랜드의 솔직 담백한 여정에 대한 쇼츠가 꽤 많이 보입니다. 이들은 자신들의 사업 초기부터 성장 과정을 과감하게 날것 그대로 보여줍니다. 짧은 15초의 영상에서 브랜드를 운영하는 대표의 내레이션으로 구성된 브랜드의 이야기 릴스에 사람들의 반응이 좋습니다. 화려한 광고 영상이 아님에도 이들의 여정에 사람들의 응원이 쏟아집니다. 어떤 브랜드는 이 브랜드텔링을 시작한 지 얼마 되지도 않아 수만 명의 팔로워가 모여듭니다.

이런 현상들이 일어나는 이유가 단순히 운이 좋아서일까요? 이들의 공통점은 바로 위에 있는 체크리스트 중 하나의 이야기 소재에서 시작되었다는 점입니다. 중요한 건 그 스토리 안에 속한 공감, 가치, 신뢰, 공유의 요소가 어떤 역할을 하느냐입니다.

화려한 광고 영상이나 사진이 아니어도 좋습니다. 날것의 영상에도 사람들이 반응하는 이유는 **'진짜 이야기'**이기 때문입니다. 스마트폰으로 촬영한 사장님의 우여곡절이 담긴 날것 같은 영상이 때론 전문 촬영팀이 만든 완벽하지만 가짜 같은 연출보다 반응이 좋을 때가 있습니다.

완벽한 스토리를 만들려고 고민만 하지 마세요. 일단 시작하는 것이 중요합니다. 여러분의 솔직한 브랜드 여정에서 진짜 이야기를 찾고, 다듬고, 공유하는 것입니다.

여러분의 브랜드 스토리는 하루아침에 완성되지 않습니다. 마치 와인이 시간이 지날수록 깊은 맛을 내듯, 브랜드 스토리도 시간과 경험이 쌓일수록 더욱 풍성해집니다. 지금부터 여러분만의 특별한 이야기를 발견하고 기록해 나가세요. 세상에는 여러분의 이야기를 기다리는 사람들이 분명히 있습니다. 이야기는 브랜드를 '기억되는 존재'로 만듭니다. 그들과 진정한 연결을 만드는 것, 그것이 바로 비주얼 브랜드텔링의 진정한 힘입니다.

완벽하지 않아도 내가 가진 소중한 이야기를 찾아라.

❚ 사례: 사진 한 장이 만든 기적, 제복의 영웅들

STORY

국가보훈부로부터 하나의 이야기를 의뢰받았습니다. 소외된 참전용사들의 이야기를 사진으로 담아 달라는 부탁이었습니다. 지금 이 땅에 생존하는 대한민국 6.25 참전유공자의 수는 약 3만 명도 채 되지 않습니다. 의뢰를 받던 당시 참전용사님들에 대한 예우와 관심은 크게 부족했습니다. 사진을 찍기 위해 참전용사님의 자택을 방문했을 때 이 프로젝트가 단순한 사진 촬영 이상의 의미를 갖게 될 것임을 직감했습니다. 참전용사님들의 집은 소박했습니다. 좁은 방 한편에는 오래된 군복과 훈장이 정갈하게 걸려 있었고, 벽에는 바랜 흑백사진 몇 장이 전부였습니다. 저에게 차를 내어주시며 전쟁 당시 이야기를 들려주시는 참전용사의 눈빛에서 저는 무언가를 느꼈습니다.

옆집 할아버지 같은 류재식 선생님, 우리나라 최초의 여군

지금은 하늘에 계신 故 김종환 참전용사님 ⓒ홍우림

이셨던 이점례 선생님, 낡은 집에 홀로 우리를 반겨주시던 고 김종환 선생님까지. 모든 분이 70년 전 우리나라를 지키기 위해 전쟁터에 나갔던 '영웅'들이었습니다. 모두가 우리 옆집에 살 것 같은 할아버지, 할머니인 '이웃'인데, 정작 아무도 관심을 두지 않았기에 저는 좀 새로운 방법으로 참전용사님의 이야기를 세상에 알리고자 했습니다. 당시 틱톡과 인스타그램에서 시니어 메이크오버 콘텐츠로 많은 이들에게 사랑을 받은 '더뉴그레이'와 함께 참전용사분들을 다른 방식으로 촬영했습니다. 그렇게 탄생한 프로젝트가 '이웃에 영웅이 산다'입니다.

사진은 총 두 장으로 구성하여, 참전용사님들이 입으시는 평소 복장으로 한 장, 멋진 정장 슈트를 입고 변신한 영웅의 모습으로 한 장을 SNS에 올렸습니다.

놀라운 일은 그 후에 일어났습니다. 사진 속 영웅의 모습을 본 MZ세대를 중심으로 SNS의 반응이 뜨거워지기 시작한 것입니다. 〈하이프비스트 Hypebeast〉, 〈아이즈매거진 Eyesmag〉 같은 채널에서 이 프로젝트를 소개했고, 많은 젊은 세대가 참전용사들의 이야기에 공감했습니다. 댓글에는, "이 프로젝트를 보고 처음으로 할아버지께 전쟁 이야기를 물어봤습니다", "저희 할아버지도 참전용사셨는데, 살아계셨다면 너무 좋아하셨을 것 같아요"와 같은 반응들이 하나둘 모이기 시작했습니다.

©홍우림
메이크오버 프로젝트,
'이웃에 영웅이 산다'

첫 번째 캠페인의 반응에 힘입어, 보훈부는 다음 해에 한 번 더 프로젝트를 제안했습니다. 이번에는 '어떻게 하면 이 관심을 참전용사분들께 실질적인 도움으로 연결할 수 있을까?'를 고민하다가, 마침 허름한 낚시 조끼 같은 옷을 입은 참전용사의 모습을 발견했습니다. '한 국가의 격은 그 나라의 영웅을 어떻게 대우하는가에 있다'는 말에 따라, 국가보훈부는 그들이 입고 있는 낚시 조끼 같은 옷 대신, 이 나라를 지킨 명예와 자부심을 드러낼 수 있는 특별한 '제복'을 선물해 드리기로 했습니다. 그렇게 김석원 디

오랫동안 나라를 지킨 영웅들은 자비량으로 허름한 조끼를 입고 있었습니다

자이너님과 협업하여 참전용사를 위한 특별한 제복을 디자인했고, 제게 맡겨진 역할은 세상에 각인시킬 강렬한 사진 한 장을 만드는 것이었습니다. 허름한 조끼를 입은 노인이 아닌, 제복을 입은 당당한 영웅의 모습을 보여주는 것. 그리고 마침내 다음과 같은 원 컷이 완성되었습니다.

90대의 참전용사님이 새 제복을 입고 거울 앞에 섰을 때, 카메라에는 노신사가 아니라 70년의 세월을 뛰어넘은, 다시 한 번 자부심으로 빛나는 영웅의 모습이 프레임 안에 담겼습니다. 사진이 세상에 공개되자, 반응은 폭발적이었습니다. 소셜

©홍우림

제복의 영웅들로 다시 태어난
참전용사분들

ⓒ홍우림

대한민국 최초의 여군 이점례 선생님의 사진은
IPA Best of Show에 선정되어 세계를 돌며 전시되었다.

미디어를 시작으로 각종 언론과 미디어에서 영웅들의 변신
에 놀랐고 이야기는 멀리 퍼져 BBC에서도 이 스토리를 다
루기 시작했습니다. 수많은 사람이 참전용사의 존재를 새롭
게 인식하게 되었고, 그들의 처우 개선에 대한 목소리가 높아
졌습니다. 감사하게도 당시 이 프로젝트와 함께 해주셨던 대
한민국 최초의 여군 중 한 분인 이점례 선생님의 사진이 IPA
국제사진공모전의 언론 에디토리얼 부문 1위 및 올해의 Best
of show로 선정되어 세계인들에게도 감동을 전했습니다. 그
리고 마침내 2023년, 대한민국 정부는 공식적으로 발표했습

니다.

"대한민국의 모든 참전용사에게 제복을 지급하기로 한다."

한 장의 사진이 만든 작은 기적입니다.

사례 분석

국가보훈부 참전용사 프로젝트는 비주얼 브랜드텔링의 스토리 요소의 원리를 다음과 같이 적용했습니다.

첫째, 강력한 공감대를 형성했습니다. '나라를 위해 헌신했지만 잊힌 영웅들'이라는 주제는 모든 세대가 공감할 수 있는 보편적 감정이었습니다. 특히 MZ세대에게는 할아버지 세대에 대한 새로운 관점을 제공했습니다.

둘째, 명확한 가치를 시각화했습니다. 단순히 '참전용사를 도와야 한다'라는 메시지가 아닌, '영웅의 존재감과 자부심'이라는 가치를 이미지로 강렬하게 표현했습니다.

셋째, 진정성 있는 스토리로 신뢰를 구축했습니다. 일회성 이벤트가 아닌 2년에 걸친 지속적인 관심과 실제 정책 변화까지 이끈 과정은 프로젝트의 진정성을 증명했습니다.

넷째, 자연스러운 공유를 유도했습니다. 이 프로젝트의 놀라운 성공은 SNS를 통한 적극적인 바이럴 때문입니다. 세대를 뛰어넘는 감동적인 스토리는 사람들이 자발적으로 공유하고 싶어 하는 콘텐츠가 되었으며, SNS, 국내와 해외 언론의 주목을 받으며 놀라운 변화를 만들었습니다.

인사이트

- **공감할 이야기를 찾아라**: 특정 세대만이 아닌 모든 연령층이 공감할 수 있는 감정을 찾으세요. 가족에 대한 사랑, 존경받고 싶은 마음, 인정받고 싶은 욕구 등 인간의 보편적 감정이 담긴 스토리는 더 넓은 공감대를 형성합니다. 여러분의 브랜드가 해결하는 문제가 누구나 한 번쯤 겪어봤을 법한 경험인지 확인해 보세요.

- **가치를 보여줘라**: 단순한 제품의 기능을 넘어 여러분의 브랜드가 세상에 미치는 긍정적 영향을 구체적으로 보여주세요. 환경 보호, 지역사회 발전, 교육 기회 제공 등 브랜드의 존재 이유를 더 큰 사회적 가치와 연결할 때 고객들은 제품이 아닌 '미션'을 구매하게 됩니다.

- **지속적인 진짜 이야기를 찾아라**: 한 번의 캠페인이나 이벤트가 아닌, 지속적이고 일관된 행동으로 브랜드의 진정성을 보여주세요. 정기적인 사회공헌 활동, 꾸준한 품질 개선 노력, 지속적인 고객과의 소통 등이 강한 신뢰를 만듭니다. 2년

에 걸친 참전용사 프로젝트처럼 시간이 쌓일수록 신뢰도 깊어
집니다.

  – **자발적으로 퍼질 이야기를 담으라**: 사람들이 '이걸 누군
가에게 보여주고 싶다'고 느낄 만한 감동 포인트를 의도적으로
만드세요. 정보, 재미, 유익 등 브랜드가 제공할 수 있는 메시
지가 담긴 스토리는 자연스럽게 공유되며 바이럴로 이어집니
다. 나눔 자체가 의미 있다고 느끼게 만드는 것이 핵심입니다.

  이처럼 공감, 가치, 신뢰, 공유의 요소가 조화롭게 잘 어우
러지게 되면 그때부터 브랜드에 변화가 생깁니다. 그리고 그
이야기의 힘은 단순한 슬로건이나 화려한 광고가 아닌, 진실한
감정과 진정성에서 비롯됩니다. 원 컷이 세상을 바꿀 수 있을
까요? 네, 바뀝니다. 그 사진이 진정한 스토리를 담고 있다면
가능합니다.

실천 체크리스트

- 우리 브랜드만이 들려줄 수 있는 독특한 이야기가 있는가?

- 고객이 '이건 내 이야기야!'라고 공감할 수 있는 이야기를 전하고 있는가?

- 나와 고객의 라포는 언제 형성되는지 알고 있는가?

- 브랜드가 추구하는 가치를 말이 아닌 실제 이야기로 보여주고 있는가?

- 브랜드의 비하인드 스토리(제작 과정, 실패, 성장)를 진솔하게 공유하는가?

- 사람들이 자발적으로 공유하고 싶은 감동이나 재미 요소가 있는가?

- 브랜드의 '결정적 순간'을 포착한 진정성 있는 이미지가 있는가?

공명

어떻게 공명하는 팬을 만들까?

RESON-ANCE

▍왜 그 브랜드에는 사람들이 모일까?

왜 어떤 브랜드에는 사람이 그렇게 많이 모일까요?

대전의 빵집 '성심당' 앞에는 아침부터 긴 줄이 늘어서고, 어떤 식당은 40분 웨이팅을 해야 들어갈 수 있고, 팝업 소식이 들리자마자 사람들이 붐비는 브랜드도 있습니다. 같은 품질, 비슷한 가격, 심지어 접근성이 더 좋은 경쟁 브랜드가 있어도 사람들은 '그 브랜드'를 선택합니다. 이들은 왜 이렇게 열광할 까요?

많은 브랜드는 '사람이 많이 모이면 성공이고, 줄이 길면 인기 있는 브랜드다'라고 착각합니다. 물론 틀린 말은 아닙니다. 하지만 오래 기다리던 줄은 언제든 사라질 수 있습니다. 진짜 중요한 것은 줄이 아니라, 줄 서 있는 '그 한 사람'이 누구인가 입니다.

우리는 지금까지 비주얼 브랜드텔링의 세 가지 요소를 살펴 보았습니다. 사람의 결핍을 해결하는 욕망, 시각적 인지를 디 자인하는 스타일, 그리고 그들의 마음의 문을 열 수 있는 스토 리. 하지만 모든 것은 결국 하나의 목표로 귀결되어야 합니다. 바로 '사람'입니다.

아무리 멋진 이미지를 만들고, 감동적인 스토리를 준비해 도, 정작 그것을 들어줄 사람을 찾지 못하면 모든 것이 무의미 합니다. 신기하게도 같은 브랜딩을 이야기하는데 누구는 브랜 드의 멋을 부리는 데만 집중하고, 누구는 사람을 만나는 데 시 간을 씁니다.

결과적으로 이 둘의 차이는 브랜드의 운명을 바꿉니다. 같 은 사람이라도 어떤 브랜드에게는 그저 하나의 '고객'이 되지 만, 어떤 브랜드에게는 소중한 '팬'이 될 수 있습니다. 겉보기 엔 비슷해 보여도 이 둘의 차이는 하늘과 땅 차이입니다.

브랜드에는 언제나 팬덤이 있습니다. 케이팝 팬들을 떠올려 보세요. 그들은 가수의 새 앨범이 나오면 밤새 스트리밍을 하 고, 콘서트가 열리면 전국 어디든 달려갑니다. 자발적으로 응원 영상을 만들고, SNS에 팬아트를 올리며, 다른 사람들에게도 자신이 좋아하는 가수를 알립니다. 자신이 좋아하는 브랜드 자동차 오너들이 자발적으로 모임을 만들고, 나이키 러닝 클럽처럼 함께 뛰는 사람들이 계속 모이게 되는 자발적인 팬덤은 어떻게 만들어지는 걸까요?

답은 브랜드와 '**공명**'하는 사람들에 있습니다. 공명이란 물리학에서 어떤 물체가 다른 물체의 진동에 반응해 함께 울리는 현상을 말합니다. 다른 사람의 생각이나 감정에 깊이 공감하여, 자신도 그와 같은 행동을 하고 싶어지는 현상, 일종의 같은 주파수에 맞춰진 것처럼 암묵적으로 하나가 됩니다.

브랜딩에서 공명도 같은 의미입니다. 브랜드가 전하는 메시지와 가치가 누군가의 마음속 신념과 정확히 맞닿을 때, 그 사람은 자연스럽게 반응합니다.

이제는 고객이 브랜드를 말하는 시대입니다. 과거에는 브랜드가 일방적으로 메시지를 전달했습니다. TV 광고를 만들고, 신문에 광고를 내고, 대형 간판을 세우면 고객들은 그것을 '보기만' 했습니다. 브랜드가 말하면 고객은 듣는 구조였죠. 하지만 이제는 완전히 달라졌습니다. 고객들이 직접 브랜드 경험을 사진으로 찍어 올리고, 리뷰를 쓰고, 친구들에게 추천합니다. 브랜드보다 고객의 목소리가 더 큰 영향력을 갖게 된 것입니다.

브랜드와 고객의 관계가 일방향에서 양방향으로, 전달에서 공감으로 바뀌었습니다. 브랜드만의 일관된 시각적 언어로 고객의 시선을 사로잡는 것을 넘어, 이제는 고객들이 자발적으로 브랜드를 이야기하고 싶어지게 하는 '관계'를 만들어야 합니다. 그 중심에 바로 이미지가 있습니다. 보는 순간 '이 브랜드, 나와 통한다'라고 직감적으로 느끼게 하고, 브랜드 경험을 다른 사람들과 나누고 싶게 만드는 것. 이것이 비주얼 브랜드텔링의 네 번째 요소 '공명'입니다.

팬은 단순히 좋아하는 것을 넘어서 감정과 가치관을 공명하는 사람들입니다. 마치 작은 불씨가 다른 장작에 옮겨붙어 큰 불꽃으로 번지듯, 브랜드의 철학이 고객의 마음과 맞닿을 때 강력한 에너지가 생깁니다. 이때 고객은 더 이상 수동적인 구매자가 아닙니다. 브랜드의 '동반자'가 되어 함께 이야기를 만들어갑니다. 브랜드가 전하는 메시지에 공감할 뿐만 아니라, 자신의 경험을 더해 새로운 이야기를 만들어냅니다.

브랜딩을 하면서 이런 것에 신경 쓰는 사람들이 많습니다.

'얼마나 많은 사람에게 도달했는가?'

'얼마나 큰 광고를 집행했는가?'

‘얼마나 많이 팔았는가?’

물론 이런 것도 중요하겠지만 그보다 더 중요한 질문이 있습니다.

‘얼마나 깊이 공감하는 사람을 만들었는가?’
‘얼마나 자발적으로 이야기가 퍼지는가?’
‘얼마나 오래 함께할 팬을 만들었는가?’

브랜드의 성공은 얼마나 많은 사람에게 도달했느냐가 아니라, 얼마나 깊이 공감하는 사람들을 만들었느냐로 결정됩니다. 1만 명에게 스쳐 지나가는 브랜드보다, 100명과 깊이 공명하는 브랜드가 결국 더 오래갑니다. 왜냐하면 그 100명이 각자, 또 다른 공명을 만드는 1만 명 이상으로 확산되기 때문입니다. 그래서 브랜딩에서는 보이는 이미지 하나하나가 더욱 중요합니다. 나와 공명하는 한 사람의 마음을 얻기 위한 원 컷. 이번 장에서는 함께 경험을 공감하고 나누며 여러분의 지지자를 만들어가는 방법을 이야기해 보겠습니다.

이제는 고객이 브랜드를 말하는 시대이다.

지금은 광고 사진보다 '후기 사진'의 힘이 더 강한 시대입니다.

"이 햄버거, 광고랑 너무 다르네…"

"실제로 받아보니 생각했던 것과 완전 다르다."

아마 대부분 이런 경험을 한 번쯤 해보셨을 겁니다. 광고에서 본 완벽한 이미지와 실제 제품 사이의 간극, 바로 이것이 현대 소비자들이 더 이상 '보는 사진'을 신뢰하지 않는 이유입니

화려한 맥도날드의
광고 사진

우리가 먹는
실제 햄버거 이미지

출처: 맥도날드 미디어킷, moguefile

다. 과거 브랜드 마케팅의 핵심은 완벽하게 연출된 이미지였습니다. 광고 캠페인을 기획하고, 모델을 섭외하고, 스튜디오에서 완벽한 제품 사진을 찍어 배포하는 방식이었죠. 소비자는 브랜드가 제작한 이미지를 일방적으로 '보는 것'으로 브랜드를 인식했습니다.

하지만, 이제 시대가 바뀌었습니다. 브랜드가 아무리 멋진 사진을 찍어도, 소비자는 그 사진만으로는 쉽게 마음을 열지 않습니다. 고객은 광고 속에 나온 맛있어 보이는 맥도날드 햄버거와 실제 자신이 받은 햄버거가 많이 다르다는 것을 이미 알고 있기 때문입니다.

이제 고객은 실제 경험을 중요시합니다. 배달음식 앱을 보면 대부분 후기 사진으로 가득합니다. 다른 사람이 직접 주문하고 먹었던 경험을 보고 선택하는 것이죠. 예쁘게 꾸며진 제품 사진보다 실제 고객이 찍은 사진을 더 신뢰하고 광고 속 세련된 모델보다 친구가 올린 사진이 더 설득력이 있습니다. 완벽한 광고 이미지보다 날것 그대로의 진짜 이미지가 더 큰 공감을 불러일으킨다는 것에 우리는 주목해야 합니다.

이제 이미지의 역할은 '기록'에서 '경험'으로 확장되고 있습니다. 기존의 브랜드 마케팅에서 이미지의 역할은 단순했습니다. 사진은 브랜드가 만든 정적인 시각 자료였고, 소비자는 그

과거의 '보는 사진'	현대의 '경험하는 사진'
브랜드 중심	고객 중심
일방향 소통	양방향 소통
정보 전달	경험 공유
완벽함 추구	진정성 추구
일회성	지속성

이미지를 단순히 '보는 것'으로 끝났습니다. 하지만 이제 보는 사진에서 경험하는 사진으로 패러다임의 전환이 일어났습니다. 경험하는 사진들은 다음과 같은 특징들을 지닙니다.

첫째, '단순 기록'에서 '경험의 공유'로

예전에는 소중한 순간을 필름에 담아 앨범에 보관했고, 그것은 철저히 개인의 기억이나 단순 정보의 전달을 위한 도구였습니다. 하지만 인스타그램, 틱톡, 유튜브가 등장하면서 그 역할은 완전히 바뀌었습니다. 이제 사진은 '경험의 공유'를 전제로 찍힙니다. 맛있는 음식을 발견하면 SNS에 올리고, 멋진 장소에 가면 친구들과 나누고 싶어 합니다. 이에 따라 브랜드는 더 이상 제품을 판매하는 것에서 그치지 않고, 그 경험을 자연스럽게 공유하고 싶어지는 순간을 만들기 위해 노력하고 있습니다.

둘째, '일방향'에서 '양방향'으로

과거 브랜드가 말하면, 소비자는 듣기만 했습니다. 모델이 화보 속에서 멋진 포즈를 취하면 소비자는 그저 바라보고 감탄할 뿐이었습니다. 브랜드는 메시지를 던지고 고객은 받기만 하는 일방적 관계였죠. 하지만 이제는 양방향 소통의 시대입니다. 소비자가 직접 브랜드를 경험하고 사진을 찍어 올리면, 브랜드는 그것을 다시 공유하면서 새로운 대화가 시작됩니다. 브랜드가 이야기하는 콘텐츠보다 고객들이 만드는 콘텐츠의 생생한 경험이 담긴 이미지가 더 큰 공감을 얻습니다.

셋째, '일회성'에서 '지속성'으로

수억 원을 들여 만든 광고는 잠시 사람들의 시선을 사로잡았지만, 시간이 지나면 금세 잊혔습니다. 하지만 지금은 소비자가 직접 찍은 브랜드 경험이 온라인에 계속 쌓입니다. 그것을 본 다른 소비자들이 또다시 경험을 공유하면서 브랜드의 이미지는 자연스럽게 확장됩니다. 일회성 광고가 아닌, 고객이 만들어가는 지속적인 기록이 브랜드의 진정한 자산이 되는 시대입니다.

이러한 변화는 브랜드에 중요한 시사점을 줍니다. 보는 사진에서 경험하는 사진으로의 전환은 브랜드의 사고 패러다임을 바꿉니다. 이제 화려한 광고나 완벽한 제품 사진이 아니라, 고객이 직접 찍고 공유하는 경험의 순간이 브랜드를 키웁니다. 소비자가 자발적으로 나의 브랜드를 기록하고 이야기할수록 그 브랜드는 자연스럽게 성장합니다. 아쉽게도 많은 브랜드가 브랜딩에 대해 노력하면서도 여전히 이전 패러다임의 사고 안에 머물러 있는 경우가 많습니다.

아무리 비싼 광고를 해도 여전한 일시적 효과에 그치는 이유가 무엇일까요? 바로 사람을 놓치기 때문입니다. 정작 중요한 것은 그들의 경험인데 말이죠. 가장 강력한 브랜드 이미지는 브랜드가 만든 완벽한 광고 사진이 아니라, 수많은 고객의 경험이 찍은 진정성이 있는 원 컷에서부터 시작됩니다.

이제 이미지의 역할은 '보는 것'에서 '경험하는 것' 으로 확장되었다.

▎나와 같은 사람을 찾아라

"내 브랜드도 사람들이 알아서 사진을 찍어 올렸으면 좋겠어요."

브랜드 컨설팅을 하다 보면 가장 많이 듣는 말입니다. 다른 브랜드처럼 고객들이 자발적으로 내 브랜드 사진을 찍어 SNS에 올리는 모습을 꿈꿉니다. 하지만 막상 우리 브랜드는 아무도 찍어주지 않는 것 같습니다. 왜 그럴까요? 문제는 '모든 사람'을 대상으로 생각했기 때문입니다.

세상 모든 사람에게 사랑받는 브랜드는 없습니다. 그런 브랜드는 존재하지도, 존재할 수도 없습니다. 브랜드가 모든 사람을 만족시키려는 순간, 아무도 만족시키지 못합니다. 애플은 모든 사람을 위한 컴퓨터를 만들지 않습니다. 그들은 '다르게 생각하는 사람들'을 위한 컴퓨터를 만듭니다. 테슬라는 모두를 위한 차를 만들지 않습니다. 그들은 '지속 가능한 미래로 가고 싶은 사람들'을 위한 차를 만듭니다. 이들의 공통점은 무엇일까요? 모든 사람이 아닌, 특정한 사람에게 집중했다는 것입니다.

그렇다면 그 특정한 사람이 누구일까요? 바로 **'나와 비슷한 생각을 하는 같은 사람'**입니다. 브랜딩에서 사람을 모으는 일은 물론 중요합니다. 그러나 그보다 더 중요한 것은 '나와 결이 맞는 한 사람을 찾는 일'입니다.

쉽게 생각해 보겠습니다. 어떤 사람이 나를 좋아할까요? 내가 쉽게 가까워질 수 있는 사람은 사실 나와 비슷한 사람입니다. 취미가 같거나, 취향이 같거나, 비슷한 공통점이 있으면 쉽게 호감이 갑니다. "나도 그거 좋아해!", "나도 그렇게 생각해!", "우리 완전 비슷하다!" 이런 식으로 사람들은 취미가 같을 때 세 배 더 빨리 친해진다고 하죠. 강아지를 키우는 사람이 강아지 사진에 좋아요를 누를 확률이 더 높고, 아기엄마가 육아 콘텐츠를 저장할 확률이 더 높습니다. 이렇게 나와 비슷한 사람과 대화하면 시간이 금방 갑니다.

브랜딩도 마찬가지입니다. 나와 같은 가치를 믿고, 같은 것을 꿈꾸고, 같은 곳을 바라보는 사람, 바로 이런 사람을 찾는 것으로부터 출발해야 합니다. 사랑하는 사람이 무엇을 좋아하는지 모르고 어떻게 그의 마음을 알 수 있을까요? 서로가 무엇을 좋아하는지 알면 알수록 더 깊이 공감하고 하나가 될 수 있습니다. 서로 바라보는 곳이 같고, 지향점이 같으면 그 관계는 더 깊어지고 오래갑니다.

우리는 사람을 모으는 것에 관심이 많습니다. 팔로워 몇만 명, 조회수 몇만 뷰에 혹할 때가 있습니다. 하지만 우리가 정작 찾아야 하는 것은 이런 숫자가 아닙니다. 바로 그 숫자 속,

내 브랜드의 이야기로 살아가는 사람들입니다. 그들은 단순히 내 게시물을 스크롤하며 지나가는 존재가 아니라 나의 가치관에 공감하고, 나의 비전을 함께 꿈꾸며, 나의 브랜드를 통해 자신을 표현하고 싶어 하는 사람들입니다. 브랜드의 변화는 바로 이런 한 사람을 찾을 때 비로소 시작됩니다.

'무신사'의 시작을 기억하시나요? 무신사는 처음부터 패션 플랫폼이 아니었습니다. '무진장 신발 사진 많은 곳'이라는 신발 마니아들의 작은 커뮤니티였죠. 무신사를 만들었던 조만호 대표는 프리챌이라는 작은 커뮤니티에서 카메라를 들고 자신이 찍은 패션과 신발에 대한 사진을 꾸준히 올렸습니다. 여기가 핵심입니다. 무신사는 '모든 한국 사람이 옷을 사게 하자'로 시작하지 않았습니다. '신발을 정말 좋아하는 사람들끼리 모여서 신발 사진을 공유하자'로 시작했죠. 패션과 신발에 진심인 사람들이 모였습니다. 이들은 커뮤니티에 자신이 가진 신발을 정성스럽게 촬영해 올려 공유하기 시작했고, 서로의 취향을 존중하며 대화를 나눴습니다. 누

무신사와 오늘의 집의 시작은 모두 사진이었다.

출처: 무신사 홈페이지

가 요청한 것도 아닌데 자발적으로 수천 장의 신발 사진을 올렸습니다. 왜일까요? 그들에게는 보여주고 싶은 이야기가 있었기 때문입니다.

"이 신발 정말 멋지지 않아?", "이걸 이렇게 입으면 더 예쁘더라." 사진 속에 담긴 이런 경험들이 나와 취향이 비슷한 다른 사람들에게 전파되었습니다. 그렇게 사진들이 누적되고 커뮤니티가 점점 커지면서, 무신사는 국내 최대 패션 플랫폼이 되었습니다. 하지만 그 시작은 조만호 대표처럼 '신발에 진심으로 좋아했던 사람들'에게서 출발했습니다.

'오늘의 집'도 마찬가지였습니다. 오늘의 집 역시 처음에는 인테리어에 관심 있는 사람들의 작은 사진 공유 커뮤니티였습니다. "내가 꾸민 집을 자랑하고 싶어", "다른 사람들은 어떻게 꾸몄는지 궁금해", "이 가구 배치 어때? 피드백 좀 줘." 이런 대화를 나누며 인테리어에 진심인 사람들이 먼저 모였습니다. 이들은 자신의 공간을 정성스럽게 찍어 올리기 시작했고, 그 사진을 본 다른 사람들이 "나도 이렇게 꾸미고

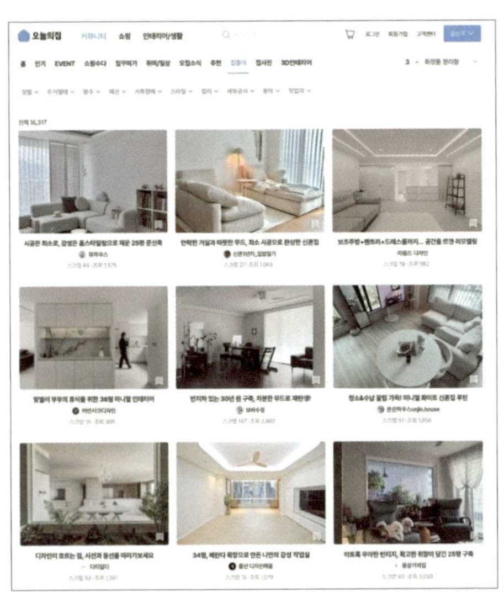

출처: 오늘의집 홈페이지

싶다"라며 하나둘 모여들었습니다. 역시 브랜드가 광고비를 쓴 것이 아니라, '인테리어를 사랑하는 사람들'이 먼저 움직인 것입니다.

무신사와 오늘의 집의 공통점은 무엇일까요? 이들 브랜드의 시작점에 '나와 같은 사람'을 먼저 찾았다는 것입니다. 이들은 단순한 고객이 아니었습니다. 브랜드가 믿는 가치를 함께 믿고, 브랜드가 꿈꾸는 세계를 함께 꿈꾸는 사람들이었습니다. 그래서 아무도 시키지 않았는데 사진을 찍었고, 누구도 부탁하지 않았는데 공유했습니다. 이것이 바로 **공명의 힘**입니다.

나의 브랜드와 공명하는 사람은 요청하지 않아도 먼저 사진을 찍습니다. 다른 사람에게 자발적으로 추천합니다. 브랜드를 자기 일처럼 알립니다. 이들 한 명 한 명이 또 다른 사람을 부릅니다. 그렇게 작은 공명이 큰 울림이 됩니다.

결국 브랜드의 변화는 '**한 사람**'에서 시작됩니다. 화려한 광고도, 거액의 마케팅 예산도 필요 없습니다. 단 한 사람. 나와 같은 한 사람을 찾으세요. 그 한 사람이 내 브랜드의 운명을 바꿀 수 있습니다. 이제 질문을 바꿔야 합니다.

"어떻게 모든 사람이 우리를 찍게 할까?"가 아닙니다.

"나와 공명하는 사람은 누구일까?"입니다.

모든 사람을 만족시킬 수 없다. 나와 공명하는 한 사람을 찾아라.

❙ 팬들이 알아서 나의 브랜드를 찍게 하는 방법

브랜드가 말하는 방식은 크게 두 가지입니다.

브랜드가 직접 말하느냐, 고객들이 말하느냐. 과거에는 브랜드가 제품을 만들고, 광고를 통해 메시지를 전달하는 방식이 주류였습니다. 하지만 지금은 사람들이 광고보다 실제 경험을 더 신뢰하고, 브랜드가 말하는 것보다 소비자가 직접 경험한 이야기를 더 믿습니다. 결국, '누가 이야기하는가'가 차이를 만듭니다.

고객이 직접 찍은 사진이 포함된 제품은 그렇지 않은 제품보다 구매율이 무려 약 80%나 높다고 합니다. 이처럼 소비자의 직접적인 경험이 브랜드의 힘을 결정하는 시대에 이제 브랜드는 광고하는 브랜드가 아니라, 소비자가 경험을 공유하는 브랜드가 되어야 합니다.

브랜드가 말하는 방식의 변화는 지금의 미디어 트렌드를 보면 쉽게 이해할 수 있습니다. 사람들은 이제 연예인의 화려한 광고보다, 일상적인 리얼한 콘텐츠에 반응합니다. 이 중심에는 '**사용자가 직접 만든 콘텐츠**User Generated Contents'가 있습니다. UGC란 브랜드가 아닌 실제 고객이 자발적으로 제작한 콘텐츠를 의미합니다. UGC를 브랜드에 사용하면 어떤 효과가 있을까요?

대표적인 예로, 스타벅스의 인스타그램을 보면 자신들이 직접 만든 광고 사진이나 영상보다 고객이 직접 제작한 사진과

같은 콘텐츠라도
UGC를 활용한 것이
더 반응이 좋다

출처: 스타벅스 인스타그램

영상을 적극적으로 활용합니다. "이런 커피 마시고 싶다", "오늘 내가 선택한 커피의 조합을 설명해 줄게"와 같이 고객의 직접 경험담을 담은 릴스로 공감을 불러일으키며 자연스럽게 브랜드 경험을 확산시킵니다. 실제로 UGC 콘텐츠는 평균적으로 댓글과 공유 수가 두세 배 높습니다. 사람들은 광고를 보는 것이 아니라, '나와 같은 사람'의 이야기를 보고 싶어 하기 때문입니다.

출처: GoPro 인스타그램

　액션캠 브랜드 고프로GoPro도 UGC를 잘 사용하는 것으로 유명합니다. 고프로의 브랜드 메시지는 'Be a hero'입니다. 비록 최근 브랜드 가치가 예전만 못하다는 평가도 있지만, 그들의 UGC 활용 방식은 여전히 배울 점이 많습니다. 고프로는 단순히 제품의 기술적 성능을 광고하는 이미지에 집착하지 않습니다. 그들은 브랜드 메시지 'Be a hero'가 실제 고객의 삶에서 일어나는 '모험'의 순간을 포착한 UGC 이미지를 적극 활용합니다. 그 결과 사진을 보고 이런 느낌을 원하는 고객들에게 강한 정서적 유대가 형성되어 공유되는 사이클이 반복됩니다.

이처럼 고객의 일상적인 경험과 감정을 담은 콘텐츠는 단순한 광고보다 훨씬 더 강력하게 사람들을 움직입니다. 이러한 UGC의 파급력을 아는 브랜드들은 더욱 공격적으로 고객의 브랜드 경험을 활용합니다. 그들이 더 자랑하고 싶게 자신을 표현하도록 하고, 브랜드가 아닌 소비자가 브랜드의 얼굴이 되도록 하는 데 집중합니다. 이것이 비주얼 브랜드텔링의 새로운 방식이며, 브랜드가 팬덤을 만드는 방법입니다.

UGC의 원리는 어렵지 않습니다. 첫째, 팬들에게 만족스러운 경험을 제공합니다. 좋은 제품, 좋은 서비스, 좋은 공간을 찍고 싶게 만드는 경험을 설계하세요. 둘째, 그 경험을 찍고 싶게, 공유하고 싶게 만듭니다. 인스타그래머블한 순간, 자랑하고 싶은 스토리를 디자인하세요. 셋째, 공유된 콘텐츠를 브랜드 채널에서 다시 알립니다. 고객이 올린 사진을 리포스트하고, 감사를 표현하세요.

간단합니다. 이 세 가지 과정 안에는 신뢰 형성, 참여 유도, 경험 공유, 공감 확산을 통해 지속적으로 순환하는 구조가 다 담겨 있습니다.

이 선순환 구조를 통해 실제 경험 기반의 진정성, 자발적 콘

텐츠로 인한 비용 효율성, 네트워크 전파를 통한 확장성, 광고
보다 더 높은 영향력, 브랜드 자산 축적 등의 수많은 효과를 가
져올 수 있습니다. 이 구조가 만들어지면, 브랜드는 광고 없이
도 자연스럽게 성장합니다. 브랜드가 오래가고 싶다면, 바로
이 부분에 투자하세요. 경험하는 이미지는 고객을 관망자가 아
닌 참여자로 만듭니다.

광고는 관망하게 하지만 이미지는 참여하게 한다.

경험하는 이미지가 왜 무서운지 아시나요?

보는 것은 기억에 남지만, 경험하는 것은 행동을 바꾸기 때문입니다. 일반적인 고객 한 명의 구매 여정을 생각해 보겠습니다.

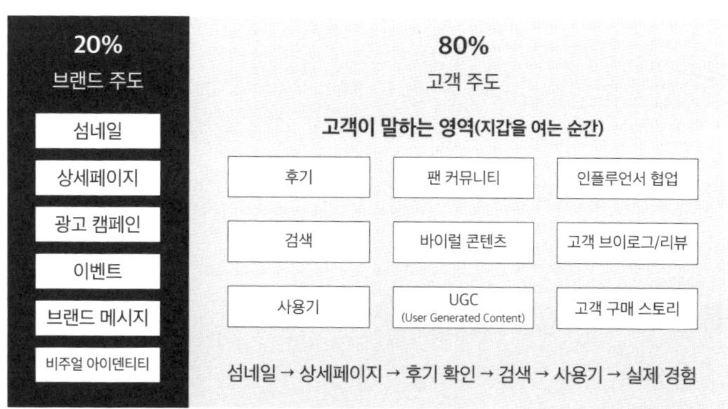

이 과정에서 과연 사람들은 언제 지갑을 열까요? 여기서 앞의 '섬네일'과 '상세페이지'는 사실상 브랜드가 말하는 영역입니다. 대략 20% 정도를 차지합니다. 그런데 고객이 실제로 지갑을 여는 건 언제일까요? 바로 뒤의 80%에 달려 있습니다. 후기, 검색, 사용기, 그리고 실제 경험까지, 결국 이 부분에서 고객은 "아, 여기 믿을 만하네"라며 지갑을 여는 구간입니다.

의외로 많은 브랜드가 앞의 20%에만 집중합니다. 브랜드 광고, 이벤트, 캠페인, 멋진 로고나 디자인에 모든 예산과 에너지를 쏟아붓고, 그걸로 브랜딩이 끝났다고 착각합니다. 아쉽지만 이러한 노력과 투자는 더 경쟁이 치열하고 큰 변화를 만들기 쉽지 않습니다. 돈, 시간, 노력 대비 효과가 너무 적습니다. 현대의 소비자는 똑똑해졌고, 꼼꼼해졌습니다. 단순히 멋진 패키지나 화려한 캠페인을 보는 것만으로는 지갑을 열지 않습니다.

두 개의 브랜드가 있습니다. 한 브랜드는 수백만 원을 들여 완벽한 스튜디오 촬영을 했습니다. 모델의 완벽한 피부, 정교한 조명, 세련된 구도의 사진들. 그리고 타깃 광고에 또 수백만 원을 투자했습니다. 결과는 어땠을까요?

처음에는 일시적 매출 증가가 있었지만, 시간이 흐른 후 매출은 급격하게 하락했습니다. 실제 사용자들의 경험이 광고와 달랐기 때문입니다. 부정적 후기는 SNS와 온라인 커뮤니티에 빠르게 퍼졌습니다. 결국 화려한 20%에만 집중한 결과, 나머지 80%의 고객 경험을 놓친 것입니다.

반대로 홈페이지도 없고, 사람들에게 그리 알려지지 않은 브랜드가 있습니다. 하지만 이 브랜드를 평소 좋아하는 '찐팬'들이 하나둘씩 후기를 달면서 SNS에서 입소문을 타기 시작합니다. 시간이 흘러 그 브랜드는 완판 신화를 거듭하며 성장합니다. 결과적으로 두 브랜드를 비교했을 때, 투자 대비 효과는 두 번째 브랜드가 훨씬 더 월등했습니다.

차이는 무엇이었을까요? 첫 번째 브랜드는 '보여주는 것'에 집중했고, 두 번째 브랜드는 **경험하게 하는 것**'에 집중했습니다. 우리가 노력해서 콘텐츠를 만들면 95% 이상은 그냥 지나갑니다. 그중 4%가 '좋아요'를 누를까 말까, 1%가 댓글을 달고, 0.1%만이 자발적으로 공유합니다. 이 숫자가 1만 명이라고 하면 그중 10명만 진짜 반응하는 겁니다.

"겨우 10명? 그게 무슨 의미가 있어?" 하지만 반대로 생각해 보겠습니다. 만일 이 10명이 찐팬이라면 어떤 일이 일어날까요? 10명이 각자 10명에게 전하면 100명, 100명이 다시 각자 10명에게 전하면 1,000명, 1,000명이 또 10명에게 전하면 10,000명. 단 10명의 찐팬이 3단계만 거치면 1만 명에게 도달하는 것입니다. 이것이 바로 **경험의 복리 효과**'입니다.

경험의 복리란, 고객이 브랜드와 맺는 작은 긍정적 경험들이 시간이 지날수록 점점 누적되어, 단순한 합보다 훨씬 큰 효과를 만들어내는 것을 말합니다. 이는 마치 복리 이자처럼, 초기의 작은 경험이 반복적으로 쌓이면 그 효과가 기하급수적으로 커지는 현상입니다. 간혹 사람들이 쉽게 찾아오기 힘든 곳에 있는 브랜드에 사람들이 찾아와 길게 줄 서는 걸 볼 때가 있습니다. 어떻게 이런 일이 가능할까요? 바로 찐팬들이 방문하여 만들어낸 이미지가 경험의 복리 효과를 일으킨 것입니다. 이런 일은 우리 주변에서 계속 일어나고 있습니다.

그렇다면 어떻게 경험의 복리를 만들 수 있을까요? 다음의 세 가지 질문에 대해 스스로 고민해 보시기 바랍니다.

우리 브랜드에 '찍고 싶은 순간'이 있는가?

나의 브랜드에는 고객이 사진을 찍고 싶어지는 순간이 있나요? 제품, 공간, 포장, 서비스 과정 중 어디라도 '와, 이거 찍어야지!'라고 생각하게 만드는 순간이 있어야 합니다.

경험을 공유하기 쉬운 구조인가?

고객이 경험을 공유하고 싶어도 어떻게 해야 할지 모르면 소용없습니다. 브랜드 해시태그, 위치 태그, QR 코드, 공유 이벤트 등 공유를 쉽고 재미있게 만드는 장치가 필요합니다.

고객 경험을 재활용하고 있는가?

고객이 올린 사진과 후기를 그냥 방치하고 있지는 않나요? 리포스트하고, 감사 메시지를 보내고, 매장에 전시하거나, 고객을 초대해 보시기 바랍니다. 고객의 경험을 인정하고 축하할 때, 더 많은 고객이 경험을 공유하고 싶어집니다.

별것 아닌 것 같고 뻔한 질문 같지만, 이 질문에서 시작된 작은 사진 한 장의 효과는 대체할 수 없는 브랜드 자산을 만들어낼 수 있습니다. 처음에는 변화가 미미해 보일 수 있습니다. '고객 10명이 사진을 올렸네. 별로 효과가 없는 것 같은데?' 하지만 포기하지 마세요. 그 10명이 100명을 부르고, 100명이 1,000명을 부르고, 1,000명이 10,000명을 부릅니다. 복리의 마법은 초반에는 천천히 움직이지만, 어느 순간부터 폭발적으로 증가합니다. 여러분이 해야 할 일은 단 하나입니다. 매일 고객 한 명, 한 명의 경험을 소중히 여기는 것. 그들이 나의 브랜드를 경험하고, 공유하고, 다른 사람을 부르게 만드는 것. 광고는 멈추면 끝나지만, 경험은 멈춰도 계속 일합니다. 경험의 복리는 반드시 강력한 브랜드의 무기가 될 수 있다는 것을 기억하세요.

고객 한 명의 경험이
복리의 효과를 만날 때
엄청난 브랜드의 무기가
되어 돌아올 것이다.

▌브랜드의 PUSH & PULL 전략을 활용하라

고객이 만든 이미지가 중요하다면 그럼 광고는 이제 필요 없는 것일까요?

아닙니다. 브랜드가 사람을 모으고 성장하기 위해서는 브랜드를 말하는 두 가지 방식을 적절히 균형 있게 사용해야 합니다.

저는 이걸 쉽게 설명하기 위해 'PUSH & PULL 전략'이라고 부릅니다.

브랜드가 앞에서 이끄는(Push) 힘과, 고객이 뒤에서 당기는(Pull) 힘이 합쳐질 때, 진짜 '팬덤'이 완성됩니다. 아무리 고객 경험이 중요하다고 해도, 그것을 어떻게 설계하고 경험을 관리할지는 브랜드의 적극적 노력이 반드시 필요합니다. 그럼 어떻게 이 두 가지 힘을 균형 있게 활용할 수 있을까요?

Push 전략: 브랜드가 먼저 길을 열어준다

누구나 처음부터 팬이 될 수는 없습니다. 손님을 초대하기 위해 초대장을 만들고 파티의 입구까지 모시고 오는 것은 브랜드의 역할입니다. 잘 만든 광고와 마케팅도 분명 필요합니다. 중요한 것은 이것들을 어디에, 어떻게 활용할지 브랜드가 결정해야 한다는 것입니다.

- **문제해결력을 명확히 보여줘라**: 먼저 고객이 정말 궁금해하는 것, '이 브랜드가 나의 문제를 어떻게 해결해 줄까?'에 대한 답을 찾아야 합니다. "우리 브랜드가 해결하려는 문제가 무엇인지", "실제로 어떻게 해결하는지"를 명확히 잡아 시각화해야 합니다.

- **차별화된 비주얼 아이덴티티를 구축하라**: 이것이 잘 준비되었다면, 그다음은 어떻게 보여줄지에 대한 이미지 디자인이 필요합니다. 브랜드의 비주얼 아이덴티티와 스토리를 담아 차별화를 만들어야 합니다. 이는 결국 고객이 여러분을 선택하는 과정에서 보이지 않는 중요한 역할을 합니다.

- **고객이 참여할 수 있는 무대를 만들어라**: 아무리 좋은 후기 경험이 있어도 그저 후기 게시판에 묻어둘 것인지, 아니면 SNS 채널을 활용해 더 바이럴되게 할지, 오프라인 매장과 연계할지 등을 결정해야 합니다. 커뮤니티가 될 공간을 구축하고, 소비자가 쉽게 찾아와서 경험하고 공유할 수 있도록 세팅하는 일은 브랜드가 해야 합니다.

PULL 전략: 고객이 스스로 이야기를 끌어온다

이렇게 브랜드가 어느 정도 자신들의 이미지로 기본적인 PUSH 전략을 세팅해 두었다면 이제부터는 그 바탕에서 고객들이 자발적으로 참여하게 만들어야 합니다.

　- 자랑하고 싶은 경험을 설계하라: 사람들은 본능적으로 좋은 경험을 자랑하고 싶어 합니다. 최애 브랜드에서 산 신상 아이템, 맛있는 식당에서의 한 끼 등, 모든 순간을 SNS에 공유하는 것이 일상이 되었습니다. '이것 봐! 나 이거 샀어!' 하고 자랑하고 싶은 경험을 담은 '인스타그래머블'한 요소를 잘 활용하면 좋습니다. 고객의 자랑은 어떤 광고보다 강력한 마케팅이 되기 때문입니다.

　- 후기 콘텐츠의 힘을 활용하라: 요즘은 후기나 리뷰가 없으면 구매를 망설이는 시대입니다. 내가 섬네일과 상세페이지를 보고 "오, 좋아 보이는데?"라고 생각해도, 결국 후기나 사용 영상을 통해 최종 결정을 내리게 됩니다. 후기 콘텐츠가 많아질수록 브랜딩 효과가 기하급수적으로 커집니다. 브랜드는 이런 고객의 후기를 비주얼로 잘 관리해야 합니다.

　- 협업을 통한 적절한 끌어당김을 활용하라: 전문가나 인플루언서를 활용하는 것도 좋은 전략이 될 수 있습니다. 그들의 말 한마디, 사진 한 장이 수많은 잠재고객의 마음을 움직일 수 있습니다. 다만, 맥락이 없는 단순 PPL 식의 광고는 도리어 역효과를 가져올 수 있기에 전체 브랜드 경험과 자연스럽게 연결

되어야 합니다.

그럼 브랜드의 PUSH & PULL 전략은 실제로 브랜드에 어떻게 적용이 될까요? 삼양식품의 불닭볶음면 신화는 좋은 예입니다. 2020년, 한국의 불닭볶음면이 해외에서 폭발적인 인기를 끌었습니다. 외국인 유튜버 한 명이 'Fire Noodle Challenge'를 시작하면서 전 세계로 확산했죠. 삼양식품은 어떻게 이 흐름을 만들고 키워갔을까요?

PUSH: 브랜드가 씨앗을 뿌리다

삼양식품은 '세상에서 가장 매운 라면'이라는 명확한 콘셉트와 강렬한 패키지 디자인으로 차별화된 정체성을 만들었습니다. 그리고 #FireNoodleChallenge 해시태그를 통해 고객 참여를 유도했습니다.

PULL: 고객들이 자발적으로 움직이다

사람들은 '세상에서 가장 매운 라면을 먹는 나'를 자랑하고 싶어졌습니다. 괴로워하면서도 웃으며 영상을 찍었고, '나 이거 해냈어!'라는 성취감이 전 세계적으로 바이럴되기 시작했습니다.

PUSH: 브랜드가 보답하다

삼양식품은 이 순간을 놓치지 않았습니다. 챌린지에 참여하는 크리에이터들을 끊임없이 모니터링하면서 고객의 반응을 살폈습니다. 특히 틱톡에서 '소피아'에게 보낸 불닭 트럭 영상은 엄청난 조회수를 기록했습니다.

PULL: 경험의 복리가 폭발하다

'삼양은 자기 브랜드를 사랑하는 사람들에게 이렇게 보답하는구나'라고 생각한 더 많은 이들이 참여했고, 더 많은 영상이 만들어졌고, 경험의 복리 효과로 불닭볶음면은 글로벌 브랜드가 되었습니다.

PUSH: 명확한 콘셉트 + 비주얼 아이덴티티 + 참여 유도
↓
PULL: 자발적 챌린지 + 전 세계 바이럴
↓
PUSH: 크리에이터들에게 감사 선물
↓
PULL: 재바이럴 + 경험의 복리 효과
↓
결과: 글로벌 브랜드 성장

　　결국 브랜드의 팬덤은 PUSH와 PULL, 두 가지의 균형이 중요합니다. 성장하는 브랜드들을 자세히 보면 이 두 가지의 균형을 잘 유지하고 있습니다. 마치 브랜드가 무대 뒤에 서서 주인공인 고객이 빛날 수 있도록 모든 세팅을 준비하면, 그 무대 앞에서는 고객들의 경험이 마음껏 펼쳐지게 되는 것과 같습니다. 이때 그 무대를 본 다른 사람들이 자연스럽게 모여들게 됩니다. 이것이 바로 공명을 활용한 비주얼 브랜드텔링의 기본적인 구조입니다. 브랜드가 일방적으로 말하는 시대는 끝났습니다. 이제는 브랜드와 고객이 함께 만들어가는 이야기의 시대입니다.

삼양이 소피아에게 선물한 불닭볶음면

출처: 삼양식품

여러분의 브랜드는 어떤 무대를 준비하고 있나요?

PUSH와 PULL의 균형. 그것이 바로 오늘날 브랜드가 팬덤을 만드는 방법입니다.

**브랜드가
길을 열어주고
고객이 스스로
이야기를 만든다.**

▎ 팬들의 놀이터를 만들어라

내 브랜드의 팬덤을 강화하려면 어떻게 해야 할까요?

간단합니다. '팬들의 놀이터'를 만들면 됩니다. 브랜드에게 팬덤은 단순한 팔로워나 소비자의 집합이 아닙니다. 팬덤은 브랜드의 가치와 철학을 공유하고, 적극적으로 참여하며 서로 소통하는 사람들이 모인 커뮤니티입니다.

영화 〈그랜드 부다페스트 호텔〉을 아시나요? 이 영화의 감독 웨스 앤더슨Wes Anderson은 자신만의 독특한 미적 기준을 가진 감독으로 유명합니다. 매력적인 색감과 특정 구도에 집착한 그의 스타일은 많은 팬을 만들었습니다. 재미있는 것은 2017년 미국 브루클린에 사는 한 부부가 여행 버킷리스트를 작성하며 현실에서 우연히 웨스 앤더슨 감독 영화에 나올 법한 장소들을 발견하고, 그 사진들을 인스타그램 계정에 올리기 시작했습니다.

그 계정의 이름은 '우연히 웨스 앤더슨(@accidentallywesanderson)' 입니다. 그러다 점점 다양한 사람들이 '나도 우연히 웨스 앤더슨을 발견해서 사진을 찍었어요' 하며 사진을 올리기 시작합니다. 놀랍게도 점점 팬들의 이미지가 쌓이자, 그들은 사진들을 전문적으로 큐레이션하며 하나의 글로벌 커뮤니티로 성장했습니다. 현재는 약 200만 명의 팔로워가 참여하여 사진을 공

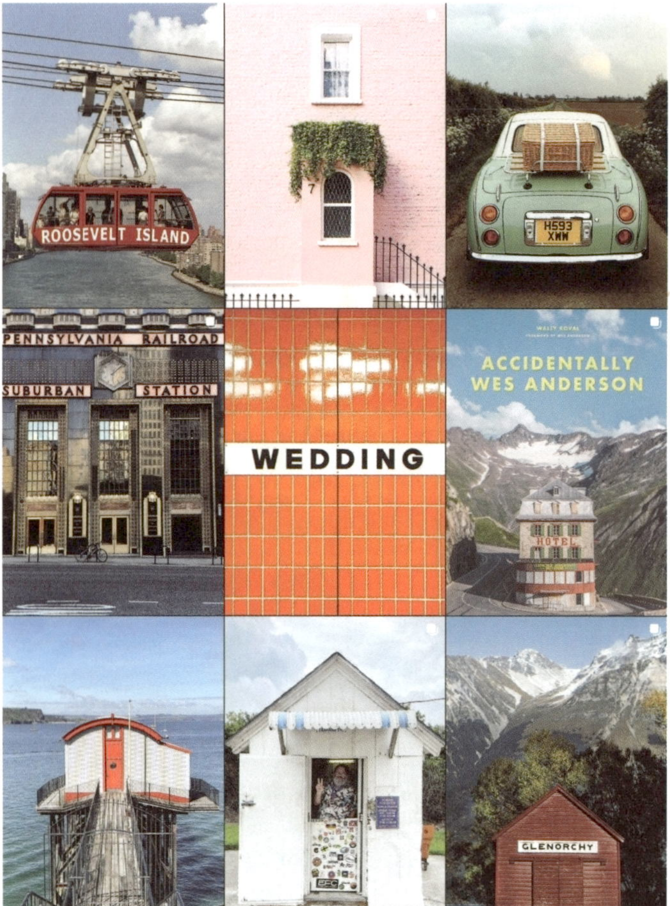

웨스 앤더슨 스타일로
사진을 찍어서 올리는 재미에
AWA 커뮤니티는 활성화된다.

출처: AWA 인스타그램

유하고 전시와 책 출판까지 이루어졌습니다. '우연히 웨스앤더 슨(AWA)'은 단순한 커뮤니티 이상의 팬들의 놀이터가 된 것입니다.

레고LEGO도 역시 팬심을 적극적으로 활용하는 브랜드의 좋은 예입니다. 레고는 '레고 아이디어스LEGO Ideas'라는 놀이터를 만들었습니다. 이 플랫폼에서는 전 세계 레고 팬들이 자신만의 독창적인 레고 세트 아이디어를 제안하고, 다른 팬들의 투표를 통해 실제 제품화 여부가 결정됩니다.

NASA 우주선, 인기 영화, BTS 등 이제 대표 상품이 된 많은 협업 제품이 레고 아이디어스의 팬들의 창의력을 기반으로 탄생했습니다. 특히 주목할 점은 레고가 단순히 아이디어를 수집하는 데 그치지 않고, 선정 과정과 제작 비하인드 스토리를 SNS와 블로그를 통해 상세히 공유한다는 것입니다. 디자이너 인터뷰, 제작 과정 영상, 실제 제품으로 변환되는 단계별 변화 등을 모두 공개함으로써, 팬들은 마치 자신이 레고의 일원이 된 것 같은 소속감을 느낍니다.

전 세계 테마파크 유튜브 채널 중 가장 많은 구독자를 보유한 곳은 어디일까요? 디즈니랜드? 유니버설 스튜디오? 아닙

출처: 위키피디아

영화 <안녕 할부지>
출처: 위키피디아

니다. 놀랍게도 대한민국의 에버랜드입니다. 에버랜드가 운영하는 채널의 누적 구독자 수는 약 250만 명이 넘어서며 세계 1위 테마파크 유튜브 채널로 자리 잡았습니다. 어떻게 한국의 테마파크가 글로벌 거대 기업들을 제치고 이런 성과를 거둘 수 있었을까요?

에버랜드 유튜브의 핵심 콘텐츠는 놀이기구나 어트랙션이 아닙니다. 대신 테마파크를 운영하는 '사람들'의 이야기, 한

5장
공명 / 어떻게 공명하는 팬을 만들까?

때 유행했던 '소울리스좌' 같은 직원(캐스트)의 이야기와 귀여운 판다 '푸바오'를 키우는 사육사의 이야기로 유튜브 자체를 팬들의 놀이터로 만들었습니다. 에버랜드는 팬들이 직접 콘텐츠를 제작하진 않지만, 자체적으로 팬들이 좋아하는 요소를 세밀하게 파악하여 전략적으로 팬들이 자신의 브랜드 놀이터에서 놀 수 있는 터전을 만들었습니다. 나중에는 팬들을 위해 영화도 만들었죠. 디즈니랜드가 운영하는 디즈니 파크(@DisneyParks)가 단일계정으로 구독자가 많긴 하지만 개별 콘텐츠 조회수 대비로 보면, 에버랜드 팬더 영상의 압도적인 퍼포먼스를 따라올 수 없습니다.

성공적인 브랜드는 단순히 제품을 파는 것이 아니라 팬들이 직접 참여하고 소통하며 즐길 수 있는 공간을 만들어냅니다. 여러분의 브랜드는 팬들의 놀이터가 있나요? 팬들은 계속 놀고 흥미를 유지할 수 있는 놀이터를 갈망합니다. 이미지를 통해서 브랜드가 아닌 그들을 위한 공간을 만들어보시기 바랍니다. 팬들이 이곳에서 자발적으로 참여하고 공유하며 브랜드의 가치를 스스로 확장할 때, 브랜드는 단순한 소비의 대상이 아니라 하나의 문화로 자리 잡게 될 것입니다.

지금까지 우리는 비주얼 브랜드텔링에서 공명 요소를 살펴보았습니다. 이 모든 것의 중심에는 하나의 원리가 있습니다. '브랜드는 결코 홀로 존재할 수 없다'라는 것입니다. 브랜드는 사람들의 경험 속에서만 살아 숨 쉽니다. 사람들의 이야기 속에서만 의미를 갖습니다. 사람들의 공유 속에서만 확장됩니다. 이것이 바로 '공명의 원리'입니다. 브랜드가 진심으로 만든 메시지가 누군가의 마음속 신념과 정확히 맞닿을 때, 그 사람은 자연스럽게 반응합니다. 사진을 찍고, 영상을 만들고, 이야기를 나눕니다. 그 한 사람의 작은 울림이 열 사람에게 전해지고, 열 사람의 울림이 백 사람, 천 사람으로 퍼져나갑니다.

여러분의 브랜드는 지금 어떤 울림을 만들고 있나요? 만약 그렇지 않다면, 이제부터 시작하면 됩니다. 한 장의 이미지에 욕망을 담고, 브랜드만의 스타일을 만들고, 진정성 있는 스토리를 전하고, 팬들이 공명할 수 있는 공간을 만드세요. 브랜드가 일방적으로 말하는 시대는 끝났습니다. 이제는 브랜드와 고객이 함께 만들어가는 이야기의 시대입니다.

나와 공명하는 사람들이 마음껏 놀 수 있는 놀이터를 만들어라.

❙ 사례: 대체할 수 없는 팬덤을 만드는 법

공명의 원리로 브랜드의 변화를 만든 리브랜딩 사례를 소개할까 합니다. 아마존에서 꾸준히 성장세를 보이던 '아바마 ^Avauma^'라는 아동복 브랜드가 있습니다. 세 아이를 키우는 부모님이 만든 아동복 브랜드는 매출은 탄탄했지만, 대표님의 마음 한구석에는 늘 아쉬움이 있었습니다.

"저희는 아마존에서 꾸준히 매출을 올리고 있었지만, 정작 고객들과의 진정한 소통은 부족했어요. 브랜드 광고 사진들로만 채워진 SNS 계정에는 댓글 한 개, '좋아요' 몇 개가 전부예요. 단순히 판매를 넘어 팬들을 만들고 브랜드로서 지속적인 성장을 하고 싶은데, 어떻게 해야 할까요?"

수개월간의 브랜드를 분석하고 고민 끝에, 우리는 과감한 결정을 내렸습니다. 기존의 SNS 콘텐츠를 모두 정리하고 완전히 새로운 시작을 선언한 것입니다. 이는 단순한 콘텐츠 교체가 아닌, 브랜드 철학부터 고객과의 관계까지 근본적으로 재정립하는 여정이었습니다. 리브랜딩 작업은 앞서 소개한 PUSH & PULL 전략의 균형을 찾는 것이었습니다.

BEFORE
과거의 개성이 없고 색이 틀어진 평범한 이미지

AFTER
브랜드 철학과 맥락을 디자인한
스토리형 이미지

PUSH 전략: 자기다운 브랜드 스토리를 디자인하다

실제 세 아이의 엄마, 아빠가 만든 브랜드의 정체성을 유지하며 '인위적인 완벽함'을 버리고 '진정성 있는 순간'을 담아내는 것에 집중했습니다. 모델 같은 인위적인 연출을 최대한 배제하고 실제 가족들을 초대해 자연스러운 교감과 일상의 아름다움을 포착했습니다.

매 촬영은 단순한 제품 홍보가 아닌, 가족의 소중한 이야기를 담아내는 진짜 순간을 담았습니다. 틀어진 컬러와 들쭉날쭉한 이미지를 과감히 버리고, 색감, 구도, 톤앤매너를 철저히 일관되게 유지하며 보는 순간 '아, 이 브랜드다!'라고 즉각 인식할 수 있는 시각적 정체성을 확립했습니다.

PULL 전략: 고객이 만들어내는 브랜드 스토리

그러나 진정한 변화는 PULL 전략에서 일어났습니다. 아무리 매력적인 브랜드 이미지도 고객들이 자발적으로 참여하지 않으면 의미가 없기 때문입니다. 우리는 과거의 소통이 전혀 없었던 인스타그램을 과감히 정리했습니다. 그리고 인내심을 갖고 약 1년 동안 일관된 이미지와 스토리를 통해 신뢰의 기반을 쌓았습니다.

콘텐츠를 올리는 것에만 머무르는 것이 아니라 끊임없이 아

SNS에 매일같이 기하급수적으로 쏟아지는 UGC는
대체 불가한 강력한 브랜드의 자산이 된다.

기 엄마들과 사진을 나누며 소통하는 것에 집중했습니다. 처음에는 반응이 미미했지만, 흔들림 없이 브랜드의 진정성을 보이자 엄마들 사이에서 조금씩 소문이 나기 시작했고 브랜드에 진심으로 공감하는 찐팬들이 하나둘 나타나기 시작했습니다.

곧 놀라운 결과가 만들어졌습니다. 이제는 엄마들이 브랜드를 자랑하는 문화가 자연스럽게 형성된 것입니다. 서로 아기 옷을 자랑하며 인스타그램에 올리고, 브랜드가 만드는 이미지보다 브랜드의 팬들이 만들어내는 콘텐츠들이 기하급수적으로 쏟아져 나왔습니다. 바로 경험의 복리가 진가를 발휘하는 순간이 온 것입니다. 이제는 신제품을 오픈하면 홈페이지가 마비될 정도로 팬들의 열정이 대단한 브랜드로 성장하고 있습니다. 이렇게 팬덤이 만들어낸 이미지는 그 누구도 대체할 수 없는 강력한 브랜드 자산이 됩니다.

사례 분석

아바마의 브랜드텔링은 PUSH & PULL 전략의 균형 있는 조화를 보여줍니다.

첫째, 브랜드 정체성을 명확히 했습니다. 기존의 산만하고 일관성 없던 이미지를 과감히 정리하고, 브랜드만의 고유한 시각적 언어를 구축했습니다. 제품과 이미지의 차별화로 자기다움을 명확하게 했습니다.

둘째, 진정성을 추구했습니다. 실제 세 아이의 엄마의 마음으로 제품을 개발하고 부모의 마음에 공감하는 이야기를 끊임없이 공유하였습니다. 결국 이 진심이 통한 엄마들이 다른 엄마들에게 영향을 주었습니다.

셋째, 경험의 이미지를 적극 활용했습니다. 실제 엄마들의 사용기와 아기들의 이미지가 쌓여가며, 이들의 경험이 또 다른 잠재고객의 마음을 움직이는 효과를 발휘했습니다. 엄마들의 UGC로 제작된 실제 착용 이미지들은 브랜드의 또 다른 강력한 무기가 되었습니다.

넷째, 고객 중심으로 전환했습니다. 브랜드가 일방적으로 말하는 방식에서 고객들이 자발적으로 참여하고 콘텐츠를 공유하는 방식으로 소통 패러다임을 바꿨습니다. 이제는 브랜드가 억지로 강요하는 PUSH가 아니라 팬들이 알아서 오는 PULL 전략의 선순환이 이루어졌습니다.

- **나와 같은 사람을 찾아라**: 아바마의 팬들은 모두 엄마입니다. 엄마가 옷을 만들기 때문에 엄마의 마음을 잘 아는 브랜드에 엄마들이 모입니다. 나와 같은 사람들과 강한 공감대를 형성하면서 브랜드를 성장시켜야 합니다.

- **진정성이 공감을 부른다**: 완벽하게 연출된 이미지보다 진짜 고객들의 실제 경험을 담은 이미지가 더 강력합니다. 고객들이 '나도 저런 경험을 하고 싶다'고 느끼게 만들어야 합니다.

- **인내심을 갖고 기다려라**: 진정한 팬덤은 하루아침에 만들어지지 않습니다. 꾸준히 가치를 전달하고 신뢰를 쌓아가는 인내심이 필요합니다.

- **고객이 주인공이 되게 하라**: 브랜드가 스스로를 자랑하는 것보다 고객들이 브랜드를 자랑하게 만드는 것이 훨씬 강력합니다. 고객들이 자발적으로 콘텐츠를 만들어낼 수 있는 환경을 조성하는 것이 중요합니다.

비주얼 브랜드텔링으로 다시 태어난 아바마는 이제는 엄마들의 문의에 쉴새 없이 바쁩니다. 엄마 한 사람, 한 사람의 의견에 날마다 귀를 기울이는 대표님 부부의 노력이 지금도 브랜드를 성장시키고 있습니다. 나와 같은 부모로서 내 아이를 생각하는 마음을 서로 공명하기 때문입니다.

실천 체크리스트

- 나와 공명하는 '특정한 한 사람'이 누구인지 명확히 정의되어 있는가?

- 고객이 자발적으로 사진을 찍고 싶어지는 '인스타그래머블'한 순간이 있는가?

- 브랜드가 만든 이미지보다 고객이 만든 UGC가 더 많이 쌓이고 있는가?

- 고객의 경험을 리포스트하고 감사를 표현하는 시스템이 있는가?

- PUSH 전략(브랜드 정체성)과 PULL 전략(고객 참여)의 균형이 잡혀 있는가?

- 팬들이 자발적으로 모여 놀 수 있는 '커뮤니티 공간'이 있는가?

- 10명의 찐팬이 100명을 부르는 '경험의 복리' 구조를 설계하고 있는가?

6장

일관성

어떻게 오래 갈 수 있을까?

CONSIS-TENCY

▎ 오래가는 브랜드의 비밀

10년이 지난 후 나의 브랜드는 어떻게 되어 있을까요?

지금까지 우리는 비주얼 브랜드텔링의 네 가지 요소를 통해 사람들을 모으는 방법을 배웠습니다. 욕망으로 결핍의 문제해결력을 보여주고, 스타일로 브랜드의 시각적 정체성을 디자인하며, 스토리로 마음을 움직이고, 나와 공명하는 한 사람을 찾는 것까지 살펴보았습니다. 네 가지 요소를 잘 갖추었다면 이제 여러분의 브랜드에는 사람이 모이기 시작할 겁니다. 브랜딩에서 사람을 모으는 것은 중요합니다. 하지만 문제는 언제든지 사람은 떠날 수 있다는 겁니다.

10년 넘게 이어온 브랜드가 어느 날 사라지고, 오래 줄을 서야만 했던 매장에 어느 순간 사람들이 뜸해지기 시작하는 일들이 일어나는 이유는 무엇일까요? 사람을 모으는 것도 물론 중요하지만 여기서 우리는 또 다른 질문을 해야 할 때입니다.

"과연 어떻게 그들을 오래 머물게 할 것인가?"

이번 장에서는 브랜드가 오랫동안 살아남기 위해 필요한 마지막 요소 '**일관성**Consistency'에 관해 다루어 보겠습니다.

사실 브랜드는 사람과 똑같습니다. 처음 만났을 때 번쩍이는 매력으로 눈길을 끌 수는 있습니다. 하지만 시간이 지나면서 진짜 중요한 것은 결국 '**꾸준히 매력적인 사람**'이 되는 것입니다. 수많은 광고와 마케팅 기법으로 사람에게 순간의 호감을 살 수는 있습니다. 하지만 결국 꾸준히 사랑받는 브랜드가 되려면, 두고두고 보고 싶은 매력적인 존재가 되어야 합니다. 마치 서서히 물들어 가듯, 매력에 서서히 빠져들게 만드는 것. 이것이 바로 우리가 찾아야 할 마지막 퍼즐입니다.

금세 사라지는 브랜드와 오래가는 브랜드의 차이는 무엇일까요? 쉽게 사라지는 브랜드는 빠른 성장과 즉각적인 반응에 최적화되어 있습니다. 트렌드에 민감하고, 화제성을 추구하며, 단기적 성과에 집중합니다. 반면 지속되는 브랜드는 장기적 성장에 최적화되어 있습니다. 변화하는 환경에 적응하면서도 핵심 가치는 흔들리지 않습니다. 트렌드는 계속 바뀝니다. 유행하는 것만 따라 하다 보면 결국 자기만의 색깔을 잃어버리게 되죠. 인스타그램이 대세일 때는 인스타에만, 틱톡이 뜨니까 틱톡으로, 요즘은 AI가 화제니까 AI로 뭘 해볼까…. 이렇게 트렌드만 쫓다 보면 브랜드의 본질은 점점 흐려집니다. 우리는 시간이 흘러도 변하지 않는 것에 투자해야 합니다.

결국 오래 살아남는 브랜드는 몇 가지 특징이 있습니다.

첫째, 콘셉트가 분명합니다.

콘셉트가 애매하면 모든 것이 흔들립니다. 콘셉트는 브랜드가 추구하는 핵심 가치를 한 문장으로 압축한 것입니다. 이것은 모든 시각적 표현의 나침반 역할을 합니다. 쉽게 말해 기준이 생기는 것이죠. 매번 새로운 이미지를 만들 때마다 '이것이 우리 콘셉트에 맞는가?'라는 질문으로 방향을 잡을 수 있게 해주죠. 콘셉트가 분명한 브랜드는 트렌드가 바뀌어도, 경쟁사가 새로운 전략을 내놓아도 흔들리지 않습니다. 자신만의 확고한 콘셉트가 있습니다.

둘째, 꾸준합니다.

한두 번 좋은 이미지를 만드는 것과 지속적으로 만드는 것은 완전히 다른 차원의 도전입니다. 사람의 뇌는 반복된 자극에 익숙해지는 특성이 있습니다. 브랜드의 꾸준함은 무의식적

인식을 만들어내는 전략입니다. 모든 이미지가 일정한 수준 이상의 퀄리티를 유지하고, 정기적으로 고객과 만나는 리듬을 유지해야 합니다. 오래가는 브랜드는 나름의 체계적인 시스템이 구축되어 있습니다. 콘텐츠 제작 가이드라인과 제작 일정 관리 등의 준비가 꾸준함을 뒷받침합니다.

셋째, 자신만의 시그니처가 있습니다.

시그니처는 브랜드를 즉시 알아볼 수 있게 해주는 시각적 DNA입니다. 시그니처 컬러, 시그니처 콘텐츠 시리즈는 로고나 브랜드명이 없어도 '이것은 바로 그 브랜드다'라고 인식할 수 있게 해줍니다. 시그니처 콘텐츠가 고객에게 인식되기 시작하면, 사람들은 금세 브랜드를 알아보고 다음의 이야기를 기대합니다.

넷째, 브랜드의 여정을 소중히 다룹니다.

브랜드에게 시간은 그 자체로 자산입니다. 오래된 것에는 신뢰감이 있고, 지속된 것에는 안정감이 있습니다. 오래가는 브랜드는 그들이 지내온 모든 순간의 기록에 공을 들입니다.

오늘의 평범한 순간이 10년 후에는 소중한 역사가 될 것을 알기에 의미 있는 순간들뿐만 아니라 일상의 기록, 변화의 기록을 남겨놓습니다. 중요한 것은 단순히 과거를 보관하는 것이 아니라, 과거의 가치를 현재적 의미로 재해석하고 미래의 방향

성과 연결하는 것입니다. 브랜드의 역사가 현재의 강력한 스토리텔링 소재가 되어야 합니다.

일관성은 단순한 반복이 아닙니다. 변화하는 세상 속에서도 **브랜드의 핵심 가치와 정체성을 흔들림 없이 유지하면서, 동시에 시대에 맞게 진화하는 능력입니다.** 욕망으로 사람들의 마음을 사로잡고, 스타일로 시선을 끌고, 스토리로 공감을 이끌고, 공명으로 팬덤을 형성했다면, 이제는 일관성으로 그들을 오래 머물게 해야 합니다. 지금까지의 네 가지 요소가 마치 흩어진 퍼즐 조각과 같았다면, 일관성은 그 조각들을 하나의 완성된 그림으로 만들어주는 마지막 열쇠입니다. 그렇다면 이제 그 마지막 열쇠를 이야기해 보겠습니다.

브랜드는 사람과 똑같다. 어떻게 꾸준히 매력적인 사람, 브랜드가 될 것인가?

│ 이미지보다 콘셉트가 더 중요한 이유

오래가는 브랜드는 하나의 메시지로 기억됩니다. 브랜딩은 하나의 종합예술과 같습니다.

서로 다른 다양한 요소가 결국 유기적으로 합쳐져 하나의 브랜드 콘셉트를 이루어야 합니다. 비주얼 브랜드텔링을 위해 만들어온 수많은 사진과 영상들도 결국 하나의 구심점으로 연결되어야 하는데, 이때 필요한 것이 바로 '**브랜드 코어**Brand Core' 입니다.

브랜드 코어는 다른 말로 '일관성 있는 명확한 콘셉트'입니다. 코어는 모든 것을 하나로 묶는 접착제와 같습니다. 이미지 역시 콘셉트를 중심으로 일관된 메시지를 전달할수록 더 쉽게 기억될 수 있습니다. 브랜딩은 결국 '인식의 싸움'이기 때문에 소비자의 마음속에 어떻게 자리 잡느냐에 따라 브랜드의 성패가 결정됩니다. 수많은 브랜드 중에서 왜 어떤 브랜드는 단번에 알아보고, 어떤 브랜드는 수십 번 봐도 기억에 남지 않을까요? 그 차이를 만드는 것이 바로 나의 콘셉트를 강력하게 보여주는 브랜드 코어에 있습니다.

'**일이관지**一以貫之'라는 말이 있습니다. '하나의 이치로써 모든 것을 꿰뚫는다'라는 뜻입니다. 브랜드가 너무 많은 메시지를 전달하면 고객들은 혼란스러워합니다. 브랜딩에는 단번에 알아볼 수 있는 명확한 '브랜드 코어 콘셉트'가 필요합니다.

'무인양품MUJI'을 떠올려 보세요. 무인양품의 철학은 '이것으로 충분하다(これでいい, This will do)'입니다. '가격이 낮은 데에는 이유가 있다'라는 가치를 가지고 꼭 필요한 기능과 본질만 남기고 모든 불필요한 과장을 걷어내겠다는 무지의 미니멀리즘 정신을 담고 있습니다. 이러한 철학은 브랜드의 모든 이미지에도 그대로 반영이 됩니다.

매장에 들어서는 순간부터 제품을 사용할 때까지, 고객이 접하는 무지의 모든 시각적 요소는 단순하고 명료하며 군더더기 없이 일관됩니다. 무채색과 뉴트럴 톤, 여백을 살린 레이아웃, 제품 본연의 형태만을 드러내는 간결한 디자인은 모두 '이것으로 충분하다'는 무지의 철학을 시각적으로 일관성 있게 구현합니다.

애플의 인스타그램 역시 콘셉트에 매우 충실합니다. 애플의 이미지 전략은 좀 과감한 편인데, 글로벌 테크 기업의 계정임에도 정작 그들의 제품 사진이

This will do
출처: Unsplash

단 한 장도 없으니까요. 대신 그곳에는 '#ShotoniPhone'이라는 해시태그와 함께, 전 세계 사용자들이 아이폰으로 촬영한 다양한 사진이 가득합니다.

겉보기엔 다소 역설적이지만, 실은 브랜드 콘셉트와 이미지의 일관성 측면에서 매우 탁월한 선택입니다. 브랜드가 자사 제품을 직접적으로 노출하지 않는 전략은 분명 과감해 보입니다. 다른 소셜 미디어 채널에서는 신제품 정보와 광고를 활발히 공유하는 애플이 왜 인스타그램에서만은 이런 특별한 전략을 고수하는 걸까요? 바로 브랜드 코어 콘셉트를 유지하고자 하기 때문입니다.

애플이 고수하는 핵심은 '제품이 아닌 경험'을 보여주는 겁니다. 제품 스펙이나 기능을 직접 설명하는 대신, 그 제품으로 만들어낸 놀라운 결과물들을 보여줌으로써 '이 모든 것이 당신 주머니 속 아이폰으로 가능하다'라는 메시지를 전달하죠.

앞서 욕망의 브랜드텔링에서 '제품보다 느낌을 보여줘라'라는 말을 기억하실 겁니다. 애플은 제품 이미지를 직접 게시하는 대신, 사용자들이 만들어낸 창의적인 콘텐츠를 큐레이션하여 공유합니다. 심지어 신제품이 발표해도 절대로 제품 사진을 올리지 않습니다. 그들이 세운 콘셉트가 깨지기 때문이죠. 이 계정을 보는 사람들은 이렇게 느낄 겁니다. '아이폰으로 찍

#shootoniphone, 이 한마디면 충분합니다.

출처: 애플 인스타그램

으면 이런 느낌이구나!' 이는 단순히 브랜드 제품 홍보를 넘어 '창의성을 위한 도구'라는 애플의 브랜드 콘셉트를 더욱 강화하는 전략입니다. 결국 이것도 애플이 늘 말하는 그들의 철학인 '다르게 생각하라Think Different'를 반영하는 것입니다.

일관된 브랜드 **코어 콘셉트**는 왜 중요할까요? 브랜드 이미지는 브랜드의 약속을 눈으로 증명해야 합니다. 럭셔리를 지향한다고 말하면서도 정작 올리는 사진은 들쑥날쑥하고 일관성 없거나, 모던을 외치면서도 촌스러운 디자인을 쓰면 과연 고객들은 그 브랜드를 어떻게 인지할까요? 결국, 브랜드가 어떤 메시지를 전하고자 하든, 그 메시지가 이미지 속에 그대로 드러나야 합니다. 브랜드의 메시지와 이미지가 일치하면 로고가 없어도 브랜드를 즉시 식별할 수 있고 브랜드 신뢰가 형성됩니다. 인간의 뇌는 일관된 시각적 경험을 더 쉽게, 더 오래 기억하기 때문에 명확한 브랜드 콘셉트는 경쟁사와 차별화된 시각적 아이덴티티를 구축하는 데 필수적입니다.

여러분의 브랜드를 정의하는 하나의 코어 콘셉트는 무엇인가요? 그리고 그 콘셉트가 현재 사용하고 있는 모든 이미지에 일관되게 반영되고 있나요? 지금 여러분들의 브랜드 이미지와 콘셉트가 일치하는지 확인해 보시기 바랍니다. 아무리 좋은 이미지를 사용하고 있다고 해도, 브랜드의 성패는 이미지의 화려함이 아니라 일관된 콘셉트의 명확함에서 결정됩니다.

명확한 콘셉트가 있어야 이미지가 살아나고, 이미지가 살아나야 브랜드가 기억됩니다. 이미지보다 콘셉트임을 기억하세요.

좋은 이미지보다 명확한 콘셉트가 먼저다.

▎반복과 누적의 힘

그럼 일관된 멋진 콘셉트만 잘 잡으면 바로 좋은 반응이 올까요?

실제로 많은 브랜드가 이런 고충을 터놓습니다.

"매일 이렇게 열심히 콘텐츠를 올리는데 왜 반응이 없을까요?", "우리 이미지가 나쁜 건가?", "콘셉트를 바꿔야 하나?"

매일 콘텐츠를 만들고 열심히 업로드했지만, 막상 '좋아요'와 조회수를 보면 낙심할 때가 있을 겁니다. 그러나 아직 실망하기는 이릅니다. 이러한 반응은 도리어 오래가는 브랜드라면 반드시 통과해야 할 중요한 관문입니다. 브랜딩의 가장 큰 딜레마는 바로 '**시간**'입니다. 브랜드가 아무리 좋은 콘셉트를 잡아도 처음부터 바로 사람들에게 알려지진 않습니다. 나의 브랜드가 누군가에게 인지되기 위해서는 두 가지에 집중해야 합니다.

반복하라

브랜딩에도 '**임계치**'가 있습니다. 주전자의 물이 100도가 되어야 끓듯이, 브랜드도 사람들 마음속에 각인되려면 특정 임계점을 넘어야 합니다. 그전까지는 반응이 적을 수 있습니다. 그래서 항상 최소한의 인내가 필요합니다.

인지심리학에서는 사람의 뇌가 어떤 브랜드를 기억하기 위해서는 일정 빈도와 기간의 반복 노출이 필요하다고 합니다. **단순 노출 효과**Mere Exposure Effect라고도 하죠. 일반적으로 무언가를 기억하려면 최소 7회 이상의 반복이 필요하다고 합니다. 반복이 '익숙함'을 만듭니다. 브랜드의 반복은 바로 이 익숙함을 강화하는 힘입니다. 어느 날 임계점을 넘었다고 해서 시리즈나 콘텐츠 업로드를 멈추면, 오히려 상승 곡선에 찬물을 끼얹을 수 있습니다. '이제 막 대중이 주목하기 시작했는데 왜 더 내놓지 않지?'라는 의문을 남기는 순간, 절호의 기회를 놓치게 됩니다. 브랜딩에서 이 익숙함은 굉장히 중요합니다. 익숙해질 때까지 꾸준히 반복해야 합니다.

누적하라

브랜딩은 결국 반복이 더해져 꾸준히 누적되는 힘에서 진가가 발휘됩니다. 브랜드만의 비주얼이 반복되면서 자연스럽게 브랜드의 유산이 축적됩니다. 반복적인 이미지 루틴을 만들다 보면 이제부터 핵심 이미지 자산을 체계적으로 모으고, 팬들과 공유할 절호의 기회입니다. 별것 아닌 것 같은 작은 사진과 영상들이 하나둘씩 쌓이다 보면 어느새 놀라운 콘텐츠의 성이 쌓입니다. 이렇게 쌓인 정보들은 고객들은 보면서 '오, 이 브랜드는 꾸준히 달려왔구나'라며 한층 깊은 신뢰감을 느끼게 됩니다. 팬들의 후기나 경험인 UGC를 적극 모아두는 것도 너무 좋은 방법입니다. 뒤늦게 '입덕한' 사람들에게는 선배 팬들의 이야기가 큰 설득력이 있기 때문입니다.

오래된 식당에 갔을 때 벽에 빼곡히 붙어 있는 포스트잇을 기억하실 겁니다. 이러한 고객의 모든 흔적이 바로 브랜드의 소중한 자산이 됩니다. 누적의 힘은 마치 복리 효과처럼 큰 보상으로 다가올 것입니다. 그때까지 꾸준히 쌓아야 합니다.

미국의 쿠키 브랜드 '크럼블Crumbl'을 아시나요? 크럼블은 이러한 반복과 누적의 힘을 잘 활용한 브랜드입니다. 2017년 유타주의 작은 쿠키 가게로 시작한 이 브랜드는 현재 전미 900개 이상의 매장을 운영하며 매출 10억 달러를 넘는 거대 프랜차이즈로 성장했습니다. 이 작은 쿠키 가게의 인스타그램에 640만 명의 사람을 모으게 된 비결은 무엇일까요? 크럼블의 성공 비결은 단순했습니다.

- 매주 월요일마다 새로운 여섯 가지 쿠키 메뉴 공개
- 항상 동일한 핑크 박스 패키징
- 일관된 촬영의 콘텐츠
- 반복적인 언박싱 영상 포맷

작은 쿠키 가게의 꾸준한 루틴이 지금의 크럼블 쿠키를 만들었다.

출처: Crumbl 틱톡, 미디어킷

이들은 5년간 단 한 번도 이 루틴을 깨트리지 않았습니다.

처음에는 작은 지역 쿠키 가게에 불과했던 크럼블이지만, 매주 반복되는 콘텐츠가 쌓이면서 놀라운 변화가 일어났습니다. 매주 쿠키를 공개하는 것에 예측 가능한 기대감이 형성되어 "이번 주 크럼블 신메뉴 뭐지?"라는 질문이 미국 전역에서 매주 월요일마다 반복되기 시작했습니다. 여기에 틱톡에서 핑크색 쿠키 박스를 열며 #CrumblReview 해시태그를 붙이는 팬들의 UGC가 수억 뷰를 기록하며 한몫했습니다. 크럼블의 창립자 소여 헴슬리Sawyer Hemsley는 "우리는 맛을 매주 바꾸는(Taste Weekly) 콘셉트로 고객의 기대감을 높이고, 이것을 꾸준히 반복하며 고객의 방문을 유도했어요"라고 말했죠. 이제는 이 콘셉트가 하나의 문화가 되어 크럼블의 핑크 박스만 봐도 사람들이 즉시 브랜드를 알아본다는 점입니다. 화려한 광고나 복잡한 마케팅 없이, 오직 일관된 반복만으로 강력한 시각적 정체성을 구축한 것입니다.

낙수가 바위를 뚫습니다. 매일 일관성 있게 꾸준히 무언가를 하면 언젠간 큰 변화를 만들 수 있습니다. 하나의 콘셉트를 정했다면 흔들리지 말고 반복해야 합니다. 이랬다저랬다 하면 안 됩니다. 꾸준히 같은 톤앤매너로 나아가면, '이 브랜드 점점 익숙해지네!'라는 순간이 반드시 옵니다.

단기적 성과에 너무 집착하지 말기 바랍니다. 반짝이는 유행 콘텐츠로 인해 일시적으로 하루 이틀의 이슈는 얻을 수 있지만, 장기적 팬덤이나 코어 인식이 생기려면 좀 더 이미지가 쌓여야 합니다. 도리어 넓게 보고 내 브랜드의 이미지를 꾸준히 구축하는 것에 집중해야 합니다. 비주얼 브랜드텔링의 각 요소를 잘 유지하고 있는데 반응이 없다면, 너무 걱정하지 마세요. 분명 변화의 때가 옵니다.

**낙수가 바위를 뚫듯,
꾸준한 반복과 누적이
브랜드의 변화를 만든다.**

▎ 나만의 시그니처 시리즈를 만들어라

반복과 누적의 힘은 고객의 브랜드 인지를 더 강력하게 합니다.

콘텐츠가 넘쳐나는 시대에, 브랜드 이미지를 단번에 각인시키는 것은 쉽지 않습니다. 이럴 때 반복과 누적의 힘이 더 큰 효과를 만들어낼 수 있는 방법이 바로 나만의 '시그니처 시리즈Signature Series'를 만드는 겁니다.

브랜드가 꾸준히 일관된 포맷 안에 다양한 아이디어와 에피소드를 담아내면서, 소비자에게 '아, 이건 그 브랜드 시리즈네!'라는 인상을 줄 수 있습니다. 단발성 콘텐츠는 곧 잊힙니다. 하지만 시리즈로 연결된 콘텐츠는 기억에 오래 남습니다.

특히 팬덤을 형성하고 브랜드 메시지를 일관되게 전달하는 데 시그니처 시리즈 콘텐츠만 한 것이 없습니다. 시리즈는 단순히 '매번 비슷한 영상이나 게시물을 만든다'는 뜻이 아닙니다. 핵심은 '공통된 포맷(틀)' 안에 다양한 아이디어·게스트·에피소드를 담아내면서도, 브랜드가 전하고자 하는 메시지와 비주얼 언어는 일관되게 유지하는 것입니다. 이렇게 하면 반복되는 형식으로 소비자에게 친숙함과 안정감을 주고, 새로운 내용으로는 늘 흥미를 유발하게 됩니다. 시그니처 시리즈는 브랜드의 일관된 콘셉트를 다양한 방식으로 반복해서 보여주는 효과적인 방법입니다.

앞서 스타일에서 다룬 **메시지**, **무드**, **프레임**의 3요소를 기억하시나요? 이 세 가지 요소는 바로 시그니처 시리즈를 만드는 데 반드시 필요한 전략입니다. 일관된 메시지로 브랜드가 말하고자 하는 바를 전달하고, 통일된 무드로 브랜드만의 분위기를 만들며, 반복되는 프레임 구성으로 시각적 정체성을 각인시키는 겁니다. 만약에 스타일 단계에서 이 요소들을 잘 구축해 놓았다면, 시그니처 시리즈를 만드는 것은 훨씬 수월해질 수 있습니다. 그러면 시그니처 콘텐츠는 어떤 식으로 인식될까요?

'킬링보이스Killing Voice'라는 시그니처 콘텐츠로 유명한 유튜브 채널 〈딩고 뮤직Dingo Music〉을 잘 아실 겁니다. 한국에 〈딩고 뮤직〉이 있다면 일본에는 〈The First Take〉가 있습니다. 이 두 유튜브 채널은 매우 비슷한 패턴을 보입니다. 비슷한 화면 구성과 각 뮤지션들의 특성에 맞춘 특정 컬러, 디자인을 고집하면 회차가 달라져도 전반적인 통일감을 유지합니다. 영상의 인트로나 자막 디자인도 시리즈 전체에 걸쳐 동일하게 적용하여, 브랜드 채널만의 독특한 정체성을 구축합니다. 에피소드마다 같은 음악이나 인트로로 시작하면 '아, 이거 그 시리즈네!'라는 익숙하고 반가운 느낌을 시청자가 느끼게 됩니다.

프랑스의 헤어케어 브랜드 오피신 유니버셀 불리Officine

일본의 <The first take>와 한국의 <딩고 뮤직 - Killing Voice>
비슷하지만 다른, 시리즈의 원리를 잘 활용한 예

출처: The first take, 딩고 뮤직 유튜브

Universelle Buly도 브랜드의 인스타그램을 보면 즉시 눈에 띄는 것이 있습니다. 바로 자신들만의 시그니처 이미지를 일관되게 구축하고 있다는 점입니다. 세계의 다양한 매장의 이미지를 일러스트와 이미지로 일관되게 표현하여 포스팅하거나, 제품 이미지 모델 사진을 강렬한 컬러와 콘트라스트 조합으로 강렬한 이미지를 보여줍니다. 브랜드의 다양한 제품과 스토리가 있지만,

자신들만의
독특한 스타일의
시그니처 이미지를
구축하고 있다

출처:
Officine Universal Buly
인스타그램

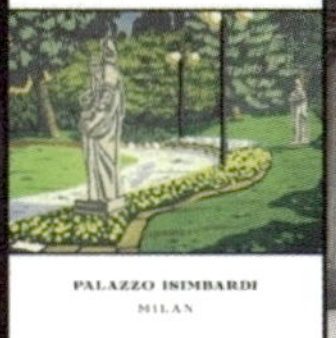

겉으로 보이는 것만큼은 일관성 있는 톤앤매너에 매우 공을 들이는 것을 알 수 있습니다. 이렇게 자신의 브랜드의 스타일에 맞춰 개별적인 콘텐츠가 아닌 일관성 있는 시그니처 이미지를 구축하면 브랜드의 강력한 인지를 만들어낼 수 있습니다.

시그니처 시리즈는 퍼스널 브랜딩에서도 가능합니다. 꼭 기업 브랜드가 아닌 개인이라도 자신만의 명확한 콘셉트와 전문성을 바탕으로 강력한 퍼스널 브랜드를 구축할 수도 있습니다. 헤어 아티스트 앤서니 클랙스턴은 '여성 헤어컷 전문'이라는 차별화된 포지셔닝으로 372만 명의 팔로워를 보유한 글로벌 브랜드가 되었습니다. 그의 콘텐츠는 고객의 변신 전후 비교 영상으로 헤어스타일 변화를 통해 얻은 행복을 그대로 담아내는 시그니처 시리즈를 유지합니다. '작은 친절이 큰 울림을

출처: krewkutz 인스타그램

만든다'는 메시지가 모든 콘텐츠의 일관된 미소를 통해 그대로 전해집니다. 한 이발사가 만들어내는 훈훈한 감동이 수많은 사람들에게 공감이 되어 강한 퍼스널 브랜드를 구축했습니다.

시그니처 시리즈의 반복은 익숙함과 신뢰감을 형성할 수 있습니다. 소비자는 생각보다 쉽게 브랜드를 잊어버립니다. 한두 번으로 끝나는 캠페인보다, 매주·매월 꾸준히 이어지는 시리즈가 장기적으로 브랜드 인식을 견고히 다져줍니다. 즉, 같은 그릇(비주얼 포맷)에 새로운 내용물을 계속 담아내며, '브랜드＝이 시리즈'라는 이미지를 소비자 머릿속에 각인시키는 것. 이것이 바로 시그니처 시리즈의 힘입니다.

**단발성 이미지는
쉽게 잊히지만
시리즈로 연결된 이미지는
오래 기억된다.**

▮ 그들은 왜 브랜드 아카이빙을 하는가?

브랜딩은 단거리 경주가 아닙니다.

하루이틀 장사를 하려고 브랜드를 만드는 사람은 없습니다. 우리가 원하는 것은 평생 지켜낼 수 있는 브랜드, 오랫동안 사랑받는 브랜드입니다. 그렇다면 단거리 선수처럼 달려서는 안 됩니다. 마라톤 선수처럼, 긴 호흡으로 꾸준히 달려야 합니다. 여러분의 브랜드가 앞으로 걸어가야 할 길이 아직 많이 남아 있습니다. 조급하거나 서두르지 말고 내가 걷기로 한 그 길을 묵묵히 걸어가야 합니다. 그 긴 여정의 한 걸음 한 걸음은 모두 소중합니다. 이 소중한 여러분의 여정을 기록한다면 브랜드의 큰 자산이 될 수 있습니다.

이미지는 시간의 흐름을 '보이게' 하는 힘이 있습니다. '저희 브랜드는 오래됐습니다'라는 말만으로는 충분하지 않습니다. '이렇게 오래 지켜온 가치가 지금 제품과 서비스에 어떻게 깃들어 있는가'를 시각적으로 증명하는 것이 필요합니다. 사람들은 실제로 눈으로 확인된 진정성을 믿는 경향이 있습니다. 바로 이 점이 **비주얼 아카이빙**Visual Archiving이 중요한 이유입니다.

틈틈이 브랜드의 이야기를 이미지로 남겨놓는 습관을 들이면 그것이 쌓였을 때 브랜드의 큰 자산이 됩니다. 오래된 기록을 오늘날의 제품과 연결 짓고, 그 가치를 미래 비전에까지 확장하면, 이런 기록을 본 소비자는 '앞으로도 이 브랜드가 일관되게 나아갈 것이다'라는 안정감을 느끼게 됩니다.

저는 브랜드의 홈페이지에 방문해서 '스토리' 페이지를 보는 것을 즐겨합니다. SNS 시대에 브랜드 홈페이지를 방문하는 사람이 얼마나 있겠냐고 생각할 수 있지만, 오래가는 브랜드일수록 자신들의 레거시에 대한 기록을 남겨둡니다. 그럼 다양한 예를 한번 살펴볼까요?

창업자의 철학을 기록하라 – 버츠비Burt's Bees

버츠비는 창립자 버트 샤비츠Burt Shavitz의 삶과 자연 철학을

창업자 버츠의 여정이 곧 브랜드다.
출처: 버츠비 홈페이지

콘텐츠의 중심에 둡니다. 그들의 홈페이지 'Honey Journal' 섹션에는 1984년 버트가 우연히 발견한 벌통부터 시작해, 오늘날 글로벌 브랜드로 성장한 과정까지의 여정을 진정성 있는 이미지로 보여줍니다. 버츠비가 보여주는 창업자 감성, 내추럴 히스토리, 빈티지 무드는 모두 브랜드의 핵심 가치인 자연스러움과 진정성을 강화하는 시각적 요소들입니다.

고객의 시간을 기록하라 – 레드윙 슈즈 Red Wing Shoes

부츠 브랜드 레드윙 슈즈는 제품보다 고객의 시간을 저장합니다. 낡은 부츠를 사진과 함께 'Wall of Honor'에 전시하고, 이를 홈페이지와 매장에서 중요한 브랜드 자산으로 활용합니

Andrew R. Chambers Jr.
Fabricator/Blacksmith, Amherst, NY
View Story →

Mike Crider
Roustabout/Pipefitter, Bakersfield, CA
View Story →

Jennifer Johnson
Operating Engineer, Watertown, WI
View Story →

Nick Petito
Refractory Bricklayer, Pittsburgh, PA
View Story →

Miguel A. Rueda
Sr. Project Manager, Nutley, NJ
View Story →

Kevin Westling
Pipeline Welder, Ponoka, AB, CA
View Story →

낡은 부츠마다 소중한 이야기가 아카이빙되어 있다

출처: 레드윙 홈페이지

다. 이들은 브랜드 스토리를 '우리가 만든 제품'이 아니라 '고객이 걸어온 길'로 전환했습니다. 낡은 신발들 하나하나에는 그 신발을 신은 사람들의 이야기가 아카이빙되어 있습니다. 레드윙 슈즈는 낡을수록 가치가 증명된다는 방식으로 브랜드 레거시를 전개합니다. 실제 농부, 소방관, 건설 노동자들이 수십 년간 신어 온 부츠의 이미지는 어떤 광고보다 강력한 브랜드 메시지가 됩니다.

이쁜꽃의 인스타그램은 브랜드의 성장 과정을 유쾌하게 아카이빙했다

출처: 이쁜꽃 인스타그램

브랜드의 성장 과정을 아카이빙하라 - 이쁜꼴Epkkot

오랜 역사가 있어야만 브랜드 레거시가 만들어지는 건 아닙니다. 물론 그런 기업들이 더 풍부한 자료와 이야기를 지닌 것은 사실이나 신생 브랜드일수록 초창기 모습부터 기록하고, 작은 이벤트나 시행착오도 시각적으로 모아두면, 몇 년 뒤만 돼도 '우리는 이런 길을 걸어왔다'는 소형 연대기를 만들 수 있습니다.

양조 브랜드 '이쁜꼴'의 양유미 대표는 자신들의 주류 브랜드의 여정을 인스타그램을 통해 꾸준히 아카이빙하고 있습니다. 브랜드의 시작과 양조의 과정에서부터 함께 가치관을 공유하는 사람들의 이야기까지 섬세하게 브랜드의 모든 순간을 자신들의 언어로 유쾌하게 기록하고 있습니다. 이쁜꼴은 완벽하게 다듬어진 이미지보다 '과정의 흔적'과 사람의 이야기를 중요하게 여깁니다. 이런 비주얼 기록들은 단순한 SNS 콘텐츠가 아니라, 브랜드가 성장하는 '시간의 증거'가 됩니다. 시간이 흘러도 이 기록들은 이쁜꼴의 철학과 여정을 증명하는 시각적 자산이 되어, "이 브랜드는 처음부터 이렇게 진심이었다"는 신뢰를 만들어줍니다.

이처럼 **브랜드 여정의 기록은 귀중한 자산이 됩니다.** 이들이 오래 기억되는 것은 단순히 오래되었기 때문이 아니라, 흔들림 없는 관점으로 여정을 기록했기 때문입니다. 신생 브랜드일수록 지금 브랜드의 소중한 순간을 쌓을 줄 아는 브랜드가 오래 간다는 사실을 기억해야 합니다.

브랜드 여정은 하루아침에 만들어지지 않습니다. 하지만 지금 이 순간부터 시작할 수 있습니다. 애플도 차고에서 시작했고, 스타벅스도 시애틀의 작은 매장에서 출발했습니다. 오늘부터 여러분의 브랜드에서 일어나는 의미 있는 순간들을 카메라에 담아보세요.

첫 번째 고객과 나눈 진솔한 대화, 제품 개발 과정에서 겪은 크고 작은 시행착오, 팀원들이 밤늦게까지 열정을 쏟는 순간들, 고객이 보내준 진심 어린 피드백 한 줄, 그리고 브랜드가 성장하는 작은 이정표들까지 모든 것이 소중합니다. 오늘의 작은 기록이 내일의 위대한 유산이 될 것입니다. 지금부터 시작하세요.

브랜드의 여정을 아카이빙하라. 오늘의 작은 기록이 내일의 위대한 유산이 된다.

▮ 브랜드 레거시를 만들어라

코카콜라는 왜 135년이 지난 지금도 사람들이 찾을까요? 애플은 왜 스티브 잡스가 세상을 떠난 후에도 여전히 혁신의 아이콘으로 남아 있을까요? 샤넬은 왜 코코 샤넬의 철학이 100년이 지난 지금도 브랜드의 핵심으로 살아 숨 쉬고 있을까요? 답은 간단합니다. 이들에게는 '브랜드 레거시Brand Legacy'가 있기 때문입니다.

브랜드 레거시는 단순히 '오래된 것'이 아닙니다. 시간이 만들어낸 대체 불가능한 가치, 그 누구도 흉내 낼 수 없는 본질, 세월이 검증한 진정성. 그것이 레거시입니다. 앞서 우리는 브랜드 아카이빙의 중요성을 이야기했습니다. 창업자의 철학을 기록하고, 고객의 시간을 기록하고, 브랜드의 일상을 기록하는 것. 그렇게 꾸준히 쌓인 기록들이 시간을 거쳐 브랜드의 소중한 유산이 됩니다.

레거시는 '기록하는 행위'의 결과물이 아닌 시간이 검증한 진정성입니다. 그리고 그 레거시는 꼭 유명한 글로벌 기업에만 있는 것이 아닙니다. 우리 주변의 이름 없는 장인들, 묵묵히 한 길을 걸어온 작은 브랜드들에게도 대체할 수 없는 위대한 레거시가 있습니다. 제가 지금까지 만난 몇 개의 브랜드 레거시를 가진 브랜드들을 소개할까 합니다.

금박연, 김기호, 박수영님 부부의 손끝에서 만들어지는 위대한 브랜드 레거시 ©홍우림

500년을 이어온 손끝 – 금박연, 김기호 금박 장인

조선 왕실이 사용하던 금박 기술의 5대 전수자 김기호 님은 유퀴즈에서도 소개된 적 있는 우리나라의 금박 장인이십니다. 그분의 작업실을 방문했을 때 그곳에는 세대를 거쳐 내려온 위대한 유산이 이어져 오고 있었습니다. 대를 걸쳐 금박 장인 가문이 사용하던 흔적들, 낡고 색바랜 그 도구들에는 오랜 세월이 고스란히 새겨져 있습니다. 특히 금박은 5대에 걸쳐 한 가문이 지켜온 장인정신의 DNA, 시간이 만들어낸 기술의 결정체였습니다.

대대로 왕의 옷에 손으로 하나하나 금박을 정성스럽게 붙여

가시는 작업 과정을 보고 있으면, 자연스럽게 숙연해졌습니다. 부부의 그 손끝, 그 움직임 속에는 500년의 역사가 흐르고 있었습니다. 이것은 배워서 되는 것이 아닙니다. 시간이 만들어낸 브랜드 레거시입니다.

70년이 만든 1mm의 경지 – 박호영 명장

70년째 도장을 파고 계신 박호영 님의 작업실에는 손때가 묻은 작업 틀과 도구들이 가지런히 정리되어 있습니다. 몇 평 안 되는 좁은 방에서 평생 도장 파는 일에만 몰두하며 몇 센티도 안 되는 작은 도장에 한자를 하나하나 새겨 넣는 그 정교함. 10년을 해도 도달할 수 없고, 20년을 해도 닿을 수 없는 경지. 오직 70년이라는 시간만이 만들어낼 수 있는 것입니다. 묵묵히 한길을 걸어왔던 명장의 굽은 허리와 닳아진 손에서 그 세월을 충분히 느낄 수 있었습니다. 선생님의 작업대 위에서 탄생하는 하나하나의 도장은 단순한 인장이

좁은 방에서 70년 동안
묵묵히 한길을 걸어온
박호영 명장
ⓒ홍우림

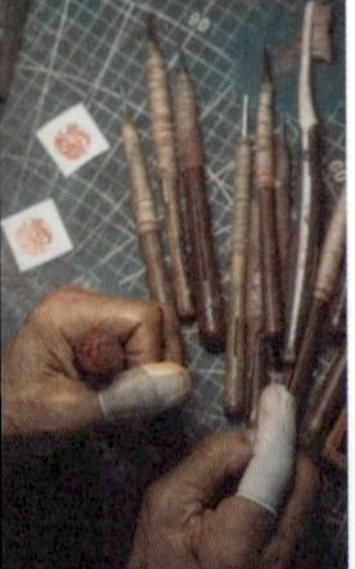

아닙니다. 70년간 쌓아온, 그 누구도 대체할 수 없는 장인의 혼이 담긴 작품입니다.

벽면을 채운 고객의 역사 – 광성 CNP

제품 패키지 전문 기업 광성 CNP의 공장의 이야기를 담을 때 일입니다. 공장 한쪽 벽면을 가득 채운 나무틀들이 마치 팔만대장경처럼 빼곡히 진열되어 있습니다.

"이건 뭔가요?"

"아, 이거요? 이건 지금까지 고객들의 상자를 만들었던 싸바리 틀이에요. 아버지가 여기 보관하고 계세요."

화려한 제품 패키지를 만들기 위해 사용되었던 싸바리 틀 속에
오랜 브랜드의 역사가 녹아 있다
ⓒ홍우림

그 순간, 깨달았습니다. 이것이 바로 이 회사의 살아있는 역사라는 것을. LG, 삼성, 아모레 퍼시픽 등 오랫동안 함께해 온 브랜드가 모두 이 작은 나무틀 안에 담겨 있습니다. 십 년이 지나 아들 세대에게 이르기까지 회사의 레거시가 되었습니다. 한 장의 사진에 다 담지 못할 만큼 빼곡한 그 나무틀들. 모든 고객과 함께 걸어온 시간의 증거였습니다. 시간이 쌓이면 자산이 됩니다.

이 세 가지 이야기에는 공통점이 있습니다. 그들은 레거시를 '만들려고' 하지 않았습니다. 그저 묵묵히 자신의 길을 걸었을 뿐입니다. 금박 장인은 세대를 거쳐 같은 방식으로 금박을 입혔습니다. 도장 명장은 70년간 도장 외길 인생을 걸었습니다. 패키지 회사는 수십 년간 고객의 상자를 만들고 보관하였습니다. 그렇게 시간이 흐르면서, 그들의 도구에는 세월이 쌓였고, 그 세월이 곧 레거시가 되었습니다. 브랜드 레거시는 계획해서 만들어지는 것이 아닙니다. 일관되게 걸어온 시간이 자연스럽게 만들어내는 것입니다.

지금 여러분 손에 쥐어진 것은 무엇인가요? 장인들에게 형틀과 조각도가 있듯이, 여러분에게도 매일 사용하는 도구가 있을 겁니다. 요리사에게는 칼이, 디자이너에게는 영감을 기록한 노트처럼 말이죠. 그 도구들에 묻은 여러분의 손때, 그 도구들과 함께 만들어낸 작품들, 그 도구들을 통해 만난 수많은 고객. 그것이 모두 여러분 브랜드의 레거시가 될 수 있습니다.

"우리 브랜드는 이제 시작인걸요. 레거시는 나중의 일 아닌가요?" 아닙니다. 레거시는 오늘부터 시작됩니다. 500년 전, 첫 번째 금박 장인도 처음에는 초보였습니다. 70년 전, 박호영 명장도 처음 조각도를 잡았을 때는 서툴렀을 것입니다. 광성 CNP의 창업자도 첫 상자를 만들 때는 어색했을 것입니다. 하지만 그들은 멈추지 않았습니다. 하루하루 성실하게, 흔들리지 않고 자신의 길을 걸었습니다. 그 일관된 시간이 쌓여 지금의 레거시가 되었습니다.

여러분도 마찬가지입니다. 지금 여러분이 사용하는 도구, 만드는 제품, 만나는 고객. 이 모든 것을 소중히 여기고 한결같이 지켜나가며 기록하세요. 레거시는 만드는 것이 아닙니다. 쌓이는 것입니다. 오늘 여러분이 손에 쥔 것을 내려놓지 마세요. 그것이 여러분 브랜드를 대체 불가능하게 만들 것입니다.

브랜드 레거시는
만들어지는 것이 아니라
쌓이는 것이다.
묵묵히 자신의 길을 걸어라.

❙ 섬세하게 관찰하고, 흔들림 없이 가라

지금까지 우리는 일관성의 관점에서 비주얼 브랜드텔링을 이야기했습니다.

트렌드가 바뀌고 마케팅 환경이 변해도, 브랜드의 핵심 가치와 메시지가 흔들려선 안 됩니다. 이러한 일관성을 지키기 위해선 이미지의 시각적 완성도를 높이는 것도 중요하지만, 그만큼 끊임없는 이미지의 분석과 관리 조정이 필요합니다.

브랜드를 관리하는 일은 한두 번의 캠페인이나 이벤트로 끝나지 않습니다. 이미지를 올리고, 댓글과 반응을 살피고, 경쟁사 상황과 시장 트렌드를 확인하며, 고객 피드백을 즉각 반영하는 과정을 끊임없이 반복해야 합니다.

매번 어떤 콘텐츠가 좋은 반응을 얻었는지 관찰하고, 데이터를 토대로 '이건 고객들이 좋아하는구나'라는 지점을 더 깊이 파고들어야 합니다.

관찰이 섬세할수록 브랜드는 견고해집니다. 꾸준히 고객의 반응을 살피고 대응하다 보면, 소비자는 '이 브랜드는 늘 한결같고, 고객에게 진심이네'라는 인상을 받게 됩니다. 바로 이것이 진정한 브랜드 신뢰의 원천입니다.

한번은 배달앱에서 이런 고객의 리뷰가 담겼습니다.

"저희 엄마가 닭곰탕을 되게 잘하셨어요. 작년에 돌아가셨죠. 요즘 회사일이 너무 힘들어서 많이 울적해하고 있는데, 엄마 생각이 나더라구요. 엄마만큼 잘하는 집은 없어서 닭곰탕은 안 시켜 먹는데 오늘 시켜 먹길 잘했네요. 감사합니다."

고객의 이런 리뷰에 닭곰탕 사장님도 장문의 답을 남겼습니다.

"안녕하세요. 어제 퇴근하고 바로 고객님 리뷰를 읽었는데, 가슴이 너무 먹먹해서 바로 답글을 못 달았어요. 고객님께 이렇게 의미 깊은 음식을 저희가 만들어드릴 수 있게 해주셔서 정말 감사해요.
고객님 너무나도 큰 아픔 겪으셨네요….
최근 회사 생활로 많이 힘드시겠지만 하늘에 계신 어머니가 계속 응원해 주시고 계시니까 힘내서 밝은 모습 보여주세요. 고객님만 괜찮으시면 쉬시는 날 오전 열한 시 반쯤에 전화주시고 찾아주세요. 응원하는 의미로 가장 맛있고 따뜻한 닭곰탕 대접해 드리고 싶어요."

과연 이렇게까지 상세하게 답해야 할까요? 별것 아닌 것 같지만, 리뷰 댓글 하나가 브랜드의 태도를 보여줄 수 있습니다. 댓글도 중요하지만 대댓글을 보는 제3의 잠재고객이 있습니다. 아무리 좋은 이미지로 비주얼 브랜드텔링을 잘해도 이런 섬세함을 한 번 놓치면 신뢰가 무너질 수 있습니다. 시각적으로도 일관성을 갖는 것이 중요하지만, 브랜드가 고객을 대하는 자세 역시 일관적이어야 합니다.

비주얼 브랜드텔링은 '숲'을 보고 '나무'를 심는 과정입니다. 브랜드의 숲(전체 콘셉트)이 명확해야 개별 나무(각 콘텐츠)들이 더욱 의미 있게 자랄 수 있습니다. 매일 올리는 원 컷 하나하나가 처음에는 작은 묘목 같아 보이겠지만, 시간이 지나면서 이 작은 나무들이 울창한 숲을 이룰 것입니다. 숲이라는 큰 그림을 보고 섬세하게 나무를 심는 브랜드를 볼 때, 사람들은 '역시 이 브랜드는 다르다. 언제 봐도 한결같다'는 평판을 하게 될 것이고, 그것이 곧 견고한 팬덤과 오래 지속되는 브랜드 신뢰로 이어질 것입니다.

때로는 나무를 심는 과정 중에 이미지와 관련이 없는 일들이 있을 수 있습니다. 댓글을 살피기도 하며, 제품과 서비스를 점검하거나, 누군가의 불평이나 불만을 해결해야 할 때도 있습니다. 이때 어떤 자세로 임하느냐가 곧 브랜드의 이미지에 그대로 반영될 수 있습니다. 때로는 이런 작은 행동 하나하나가 이미지보다 더 중요할 때가 있습니다. 여러분이 공들여 만들어 놓은 비주얼 브랜드텔링이 디테일에서 승부가 결정될 수 있다는 것을 기억하세요. 큰 그림을 보되, 작은 것에 집중하세요. 섬세하게 관찰하고, 흔들림 없이 가는 브랜드가 오래갑니다.

때로는 이미지보다 더 중요한 것이 있다. 섬세히 관찰하고 흔들림 없이 가라.

❙ 사례: 핫셀블라드, 레거시를 카메라에 담다

Story

인류가 최초로 달에서 찍은 카메라가 있습니다. 바로 **핫셀블라드**Hasselblad입니다. 1969년 아폴로 11호와 함께 달에 간 이 카메라는 단순한 기계를 넘어 인류 역사의 증인이 되었습니다. 그로부터 50여 년이 흐른 지금, 핫셀블라드는 여전히 세계 최고의 중형 카메라로 인정받고 있습니다. 하지만 무엇이 이 브랜드를 단순한 카메라 회사가 아닌 '레거시 브랜드'로 만들었을까요? 답은 '일관성'에 있습니다. 핫셀블라드는 기술이 발전하고 시장이 변해도 변하지 않는 핵심 가치를 지켜왔습니다.

한번은 핫셀블라드가 새로운 중형 디지털 카메라를 한국에 출시하면서 론칭 스토리를 전해야 할 기회가 있었습니다. 브랜드의 레거시에 어울리는 스토리텔링이 필요했습니다. 어떤 이미지를 담아야 할지 고민하던 중 한국의 가장 상징적인 곳의 이미지를 담으면 좋겠다고 생각하여 롯데 서울 스카이타워의 협조로 촬영을 진행하였습니다. 대한민국의 가장 높은 건물에서 내려다본 풍경은 오히려 고요했습니다. 분주한 도시의 움직임이 이 높이에서는 정적으로 느껴졌죠. 그 순간, 한 가지 질문이 떠올랐습니다.

"이 고요함을 어떻게 이야기할 수 있을까?"

자료를 찾아보던 중, 흥미로운 것을 발견했습니다. 100년 전, 이 고요함에 매료된 한 외국인이 있었습니다. 바로 노베르트 베버Norbert Weber 신부입니다. 1911년, 독일 베네딕토회 수도원장이었던 베버 신부는 한국에 오랫동안 머물며 카메라로 한국을 아카이빙했습니다. 그가 남긴 사진과 기록은 당시 한국의 모습을 생생하게 담고 있었죠. 그리고 그는 자신이 본 한국의 이야기를 책으로 만들었습니다.

책의 제목은 《고요한 아침의 나라A land of morning calm》. 100년 전 외국인의 눈에 비친 한국의 본질. 바로 '고요함'이었습니다.

여기에 영감을 받아 서울을 상징할 수 있는 이미지를 구상했습니다. 마침, 황사가 심한 날이었습니다. 뿌연 대기 속에 은

노베르트 베버 신부(좌), 《고요한 아침의 나라》(우)
출처: Wikimedia Commons■

■ Kloster St. Ottilien, Sonntagsblatt zur Augsburger Postzeitung, Nr. 22, 21. März 1903(https://commons.wikimedia.org/w/index.php?curid=20594435)

은하게 드러나는 서울의 스카이라인은 마치 한편의 겸재 정선의 그림처럼 보였습니다. 저는 오랜 역사 속에 담긴 핫셀블라드의 레거시와 우리나라의 역사에 남겨진 레거시를 이미지로 연결하고 싶었습니다. 그렇게 해 질 녘 대한민국의 가장 높은 건물 꼭대기에서 바라보는 풍경은 이런 작품으로 완성되었습니다.

사례 적용

이 프로젝트를 통해 확인한 것은 브랜드 레거시의 힘이었습니다. 이 사진은 단순한 상업적 촬영을 넘어선 의미가 있었습니다. 100년 전 카메라로 대한민국의 아름다움을 기록했던 한 외국인의 시선과 카메라 역사에서 변함없는 정밀함과 품질을 추구해 온 핫셀블라드의 만남. 그것은 '시간이 만든 가치'의 교감이었습니다.

– 명확한 콘셉트: 레거시를 레거시로 담다

핫셀블라드 프로젝트의 핵심 콘셉트는 단순하고 명확했습니다. '레거시를 레거시로 담는다.'

핫셀블라드의 레거시: 아폴로 11호가 달에 가져간 카메라, 인류 역사를 기록한 도구.

©홍우림

©홍우림

한국의 레거시: 100년 전 베버 신부가 기록한 《고요한 아침의 나라》.

미학의 레거시: 겸재 정선의 수묵 산수화 전통.

이 세 가지 레거시가 하나의 이미지로 수렴되었습니다. 콘셉트가 명확했기에 촬영 방향, 장소 선택, 스토리 구성 모두가 일관된 방향으로 흐를 수 있었습니다.

- 브랜드 아카이빙: 역사를 기록하는 카메라의 역사

이 프로젝트는 단순히 신제품을 홍보하는 것이 아니었습니다. 핫셀블라드가 지난 수십 년간 해온 일, 곧 역사적 순간을 기록하는 것을 다시 한번 실천하는 것이었습니다. 과거의 기록과 현재의 기록을 연결함으로써, 핫셀블라드의 레거시를 지속적으로 유지하려고 했습니다.

- 시그니처 스타일: 전통 미학과의 조우

핫셀블라드의 시그니처는 무엇일까요? 바로 섬세함과 클래식함입니다. 중형 카메라만이 담아낼 수 있는 디테일, 시간을 초월한 고전적 미학. 이 프로젝트에서도 그 시그니처의 느낌을 일관되게 유지했습니다:

- 섬세한 관찰: 우연을 필연으로 만드는 힘

이 프로젝트의 가장 중요한 순간은 바로 '관찰'에서 시작되었습니다. 해 질 녘 롯데타워에서 내려다본 서울의 고요함을 관찰했고, 그 고요함에서 베버 신부의《고요한 아침의 나라》를 연상했으며, 황사로 뿌옇게 보이는 풍경에서 겸재 정선의 산수화를 발견했습니다. 만약 이 순간들을 그냥 지나쳤다면? 평범한 서울 전경 사진이 되었을 것입니다. 하지만 섬세하게 관찰하고, 그 안에서 의미를 찾아냈기에 브랜드 레거시와 완벽하게 맞아떨어지는 스토리가 완성되었습니다.

인사이트

핫셀블라드 × 서울스카이 프로젝트가 주는 교훈은 명확합니다.

- 브랜드의 과거에서 현재의 스토리를 찾아라. 브랜드가 과거에 무엇을 해왔는지 되돌아보세요. 그 역사 속에서 현재의 스토리를 찾을 수 있습니다. 핫셀블라드는 항상 '역사를 기록' 해 왔습니다. 그 일관된 정체성을 현재의 프로젝트에 자연스럽게 연결했을 때, 브랜드의 진정성이 드러납니다.

- 눈앞의 순간을 섬세하게 관찰하라. 브랜딩은 꼭 거창한 기획에서 나오지 않습니다. 눈앞의 순간을 섬세하게 관찰하고, 그 안에서 브랜드와 연결되는 지점을 찾아내는 것입니다. 황사

로 뿌옇게 보이는 날씨, 고요한 서울의 풍경, 100년 전 베버 신부의 기록. 이 모든 것을 연결할 수 있었던 것은 섬세한 관찰 덕분이었습니다.

　– 일관성은 변하지 않는 것이 아니라 본질을 지키는 것이다. 진정한 일관성은 같은 것을 반복하는 것이 아닙니다. 변화하는 환경 속에서도 브랜드의 핵심 가치를 흔들림 없이 유지하면서, 그것을 새로운 맥락에서 의미 있게 표현하는 것입니다. 핫셀블라드는 과거에도 역사를 기록했고, 지금도 역사를 기록합니다. 장소는 달에서 대한민국으로. 의미 있는 순간을 기록한다는 본질적 가치는 변하지 않았습니다. 그 일관된 메시지가 브랜드를 오래가게 만드는 힘입니다.

　진정한 브랜드 스토리텔링은 제품을 말하지 않습니다. 브랜드가 추구하는 가치를 이미지로 보여줄 때, 사람들은 그 브랜드를 기억하고 신뢰합니다. 핫셀블라드의 사례는 브랜드 레거시를 존중하면서도 현재적 의미를 부여한 완벽한 비주얼 브랜드텔링이었습니다.

실천 체크리스트

- 우리 브랜드의 핵심 코어 콘셉트는 무엇인가?

- 모든 이미지에서 이 콘셉트가 일관되게 드러나는가?

- 정기적인 콘텐츠 업로드 루틴이 있는가?

- 단기 성과에 흔들리지 않고 꾸준히 방향을 유지하는가?

- 우리만의 독특한 시그니처 시리즈가 있는가?

- 브랜드의 여정을 아카이빙하고 있는가?

- 고객의 경험과 댓글 반응을 섬세히 관찰하고 대응하는가?

- 우리 브랜드만의 브랜드 유산(레거시)을 가지고 있는가?

PART

이미지로

3

브랜딩 하다

비주얼 브랜드텔링으로 변화를 만들다

▎ 브랜드의 변화는 언제 일어나는가?

지금까지 비주얼 브랜드텔링의 다섯 가지 요소를 살펴보았습니다.

간단하게 흐름을 다시 정리해 볼까요?

- 욕망: 고객의 결핍을 정확히 짚고, 해결된 느낌을 시각화한다.

- 스타일: 나를 한 번에 알아볼 수 있는 톤앤매너와 비주얼 시스템을 디자인한다.

- 스토리: '내 이야기'가 아니라 그들이 듣고 싶은 이야기로 공감과 신뢰를 쌓는다.

- 공명: 나와 같은 사람을 찾아, 경험하는 이미지로 자발적 확산을 만든다.
- 일관성: 코어 콘셉트를 가지고 꾸준히 반복과 아카이빙으로 레거시를 만든다.

이 다섯 원리는 개별적인 것이 아니라 서로 순환하는 유기적 관계입니다. 욕망이 주목을 만들고 → 스타일이 인지를 고정하며 → 스토리가 공감을 심고 → 공명이 공유와 팬덤을 촉발하고 → 일관성이 신뢰를 축적합니다. 그리고 이 신뢰는 다시 더 깊은 욕망의 이해로 돌아가 계속 순환을 강화합니다. 브랜드는 고객을 더 잘 알게 되고, 고객은 브랜드를 더 신뢰하게 됩니다. 이것이 비주얼 브랜드텔링의 선순환입니다.

이 다섯 가지 원리는 모두 함께 작동해야 합니다. 하나만 뛰어나다고 변화가 일어나지 않습니다. 퍼즐의 한 조각이 빠지면 전체 그림이 완성되지 않는 것처럼, 비주얼 브랜드텔링의 다섯 원리도 함께 작동할 때 비로소 진짜 변화를 만들어냅니다.

멋진 디자인만 있고 고객의 문제를 모른다면? 시선을 끌지만 마음을 얻지 못합니다. 감동적인 스토리만 있고 일관성이 없다면? 한순간 공감하지만 금방 잊힙니다. 톤앤매너는 완벽한데 고객과의 공명이 없다면? 예쁘지만 차갑게 느껴집니다.

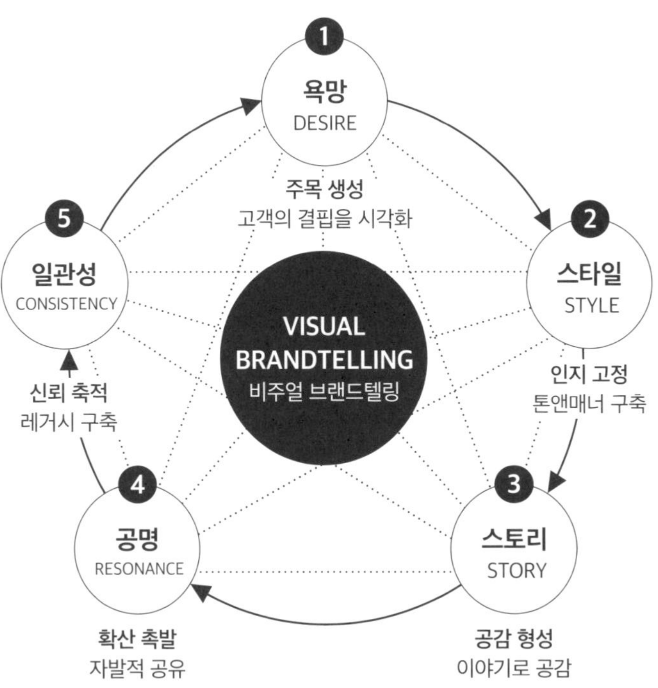

팬들이 열광하지만 꾸준히 쌓지 않는다면? 일시적 유행으로 끝나버립니다.

이런 선순환의 준비를 마쳤다면, 이제 마지막 한 가지 질문이 남습니다.

"브랜드의 변화는 언제 일어나는가?"

열심히 콘텐츠를 만들고, SNS에 올리고, 고객과 소통하고 있지만 '정말 변화가 일어나고 있는 걸까?' 하는 의문이 들 때가 있을 겁니다. 힘들고도 어렵지만 변화를 만들지 못한다면 비주얼 브랜드텔링은 이론에 불과할 뿐입니다.

앞서 말했듯 브랜딩에도 **임계치**가 있습니다. '한 번의 대박'이 아닙니다. 다섯 가지 원리가 맞물려 선순환을 만들고, 그 선순환이 누적되어 어느 날 임계치를 넘을 때가 옵니다. 임계치에 이르기 전, 이 시기가 가장 힘듭니다. 매일 콘텐츠를 만들어도 반응이 없고, 열심히 해도 숫자는 제자리걸음이고, '이게 맞나?' 하는 의심이 들 때도 있을 겁니다. 많은 브랜드가 바로 이 지점에서 포기합니다. 임계치가 눈앞인데, 보이지 않아서 멈춥니다.

하지만 그 임계치가 넘는 때부터, 스스로 사람의 마음이 움직이는 관성이 작동합니다. 그때 사람들은 "이 브랜드니까", "이 브랜드답네"라고 말하기 시작합니다. 바로 이것이 임계치를 넘은 순간입니다.

그런데 만약 여전히 변화가 일어나지 않는다면 어떡할까요?

예전에 이름이 제법 알려진 브랜드의 담당자와 미팅을 한 적이 있습니다. 나름 알려진 브랜드였지만 변화하는 세월 가

운데 생존에 대한 고민이 많았습니다. 미팅 자리에서 담당자는 자신 있게 말했습니다. "저희는 웬만한 건 다 해봤어요. 뭔가 특별한 게 있나요?" 대화는 길지 않았습니다. 이미 그의 말에서 브랜딩에 대한 태도가 드러났기 때문입니다. 다양한 것을 해본 것은 맞지만, 비주얼 브랜드텔링의 관점에서는 제대로 변화를 일으키진 못했습니다. 시간이 흘러 가끔 그 브랜드를 방문해 보면 여전히 성장이 도태된 것을 보게 됩니다. 이처럼 누구나 '우린 다 해봤는데?'라는 함정에 빠질 수 있습니다. 중요한 것은 '알고 있다'와 '잘하고 있다'는 완전히 다른 문제라는 점입니다.

그래서 브랜드에도 '메타인지'가 필요합니다. 메타인지란 '내가 무엇을 알고 있고, 무엇을 모르는지를 아는 능력'입니다. 브랜딩에서도 내가 지금 무엇을 제대로 하고 있고, 어떤 부분이 부족한지를 객관적으로 파악하는 것이 중요합니다. 이 책을 읽으며 앞서 살펴본 비주얼 브랜드텔링의 요소들을 과연 나는 얼마나 실제로 적용하고 있는지 스스로 점검해 볼 필요가 있습니다. 변화의 시작은 나의 현재 위치를 정확히 아는 것에서 시작됩니다.

여러분의 브랜드 메타인지를 위해 비주얼 브랜드텔링의 단계를 감정적, 시각적, 서사적, 관계적, 지속적 관점에서 간단히 점검해 볼 수 있는 질문을 준비했습니다.

다음의 질문들을 스스로 체크해 보시기 바랍니다.

비주얼 브랜드텔링 메타인지 점검표

감정적 원리(Desire) 점검

[ ] 우리는 고객의 결핍이 무엇인지 정확히 알고 있는가?

[ ] 우리의 이미지는 고객의 문제가 해결된 순간을 보여주는가?

[ ] 우리의 비주얼은 1초 안에 고객의 시선을 사로잡는가?

[ ] 우리는 제품과 서비스의 정보가 아닌 느낌을 보여주는가?

[ ] 우리의 이미지는 고객이 원하는 '변화된 나'를 보여주는가?

시각적 원리(Style) 점검

[ ] 사람들이 나를 쉽게 알아볼 수 있는 비주얼 스타일이 있는가?

[ ] 이미지마다 간단 명료한 메시지를 전달하는가?

[ ] 내가 매번 신경쓰는 무드, 톤앤매너, 구도가 특별히 있는가?

[ ] 내가 늘 참고하는 레퍼런스가 있는가?

[ ] 나만의 비주얼 시스템을 구축하고 있는가?

서사적 원리(Story) 점검

[ ] 우리는 '고객이 듣고 싶고, 공감하는 이야기'를 하고 있는가?

[ ] 우리가 바라보는 가치관을 이미지를 통해 잘 전달하고 있는가?

[ ] 남들과 다른 우리만의 이야기가 있는가?

[ ] 가짜가 아닌 진짜 이야기를 전하고 있는가?

[ ] 우리 이야기가 자발적으로 사람들에게 공유되는가?

관계적 원리(Resonance) 점검

[ ] 나와 결이 비슷한 사람이 누구인지 잘 알고 있는가?

[ ] 고객이 스스로 우리 브랜드를 이야기하고 있는가?

[ ] 우리는 고객이 참여할 수 있는 경험을 제공하는가?

[ ] 우리는 나와 같은 가치를 가진 사람들을 연결하는가?

[ ] 팬들이 이미지를 함께 공유할 커뮤니티가 있는가?

지속적 원리(Consistency) 점검

[ ] 우리만의 명확한 코어 콘셉트를 가지고 있는가?

[ ] 꾸준히 콘텐츠를 올리고 있는가?

[ ] 나만의 시그니처 이미지나 영상이 있는가?

[ ] 지금까지의 브랜드의 여정을 아카이빙하고 있는가?

[ ] 사람들이 댓글이나 반응을 섬세하게 관찰하는가?

각 질문을 체크해 보셨나요? 다음 점수에 따라 여러분의 비주얼 브랜딩을 점검해 보세요.

- **20개 이상**: 당신의 브랜드는 이미 선순환을 만들고 있습니다. 이제는 '확장'이 아니라 '집중'입니다. 가장 강력한 한 가지 원리를 더 깊이 파고들어 당신만의 비주얼 브랜드텔링을 완성하세요. 임계치를 넘는 순간은 놀라운 변화가 찾아올 것입니다.

- **15~19개**: 당신은 비주얼 브랜드텔링의 기본을 이해하고 있습니다. 하지만 다섯 바퀴 중 어느 하나가 헛돌고 있습니다. 체크하지 못한 항목을 다시 보세요. 그 빈 조각 하나가 선순환을 막고 있습니다. 그것만 채우면 전체가 돌아가기 시작합니다.

- **8~14개**: 당신은 열심히 하고 있지만, 방향이 흩어져 있습니다. 지금 필요한 건 '더 많이'가 아니라 '더 정확하게'입니다. 다섯 원리를 균형 있게 점검하고, 가장 약한 원리부터 집중적으로 강화하세요.

- **7개 미만**: 괜찮습니다. 모든 브랜드는 여기서 시작합니다. 중요한 건 지금 이 순간, 당신이 자신의 위치를 정확히 알았다는 것입니다. 욕심내지 마세요. 다섯 원리 중 가장 쉽게 시작할 수 있는 한 가지만 선택해서 실행해 보세요. 변화는 그렇게 시작됩니다.

브랜드의 진정한 변화는 활동의 양이 아니라 질에서 비롯됩니다. 그리고 그 질을 높이는 첫 번째 단계는 바로 자신의 브랜딩을 객관적으로 돌아보는 메타인지에서 시작됩니다. 이러한 질문들을 통해 객관적으로 점검해 보면, 어디에 개선의 여지가 있는지 분명하게 보일 것입니다. 단순히 '우리는 다 해봤어'라는 생각에서 벗어나, '우리는 이것을 얼마나 제대로 하고 있는가?'라는 질문으로 전환해 보세요. 어쩌면 다섯 가지 원리 중 어떤 것은 잘하고 있고, 어떤 것은 부족할 수 있습니다. 그것이 정상입니다. 중요한 것은 그 빈 조각을 발견했다는 것 자체입니다.

감정적 원리로 주목받고, 시각적 원리로 인지되고, 서사적 원리로 공감받고, 관계적 원리로 확산되고, 지속적 원리로 신뢰받는 브랜드. 이것이 바로 비주얼 브랜드텔링이 만드는 선순환입니다.

여러분이 지금 이 질문에 답하며 자신의 위치를 파악했다면, 이미 변화는 시작되었습니다. 3개월 후 어떤 원리가 강화되었는지 다시 점검하고, 6개월 후 선순환이 만들어지고 있는지 확인해 보세요. 이런 점검을 하다 보면 임계치를 넘은 순간을 경험하게 될 것입니다.

▌ 변하는 것과 변하지 않는 것

이미지를 이야기하는 데 AI 관련 이야기를 빼놓을 수 없을 것 같습니다.

AI 기술은 놀라운 속도로 발전하고 있습니다. 프롬프트만으로도 놀랍도록 사실적인 이미지를 생성해 내고, 브랜드가 필요한 모델, 제품 사진을 단숨에 만들어내는 시대가 되었습니다. 이제는 사진을 '찍는다(take)'보다 '만든다(make)'가 더 어울리는 시대입니다. 저 역시 현업에서 때때로 AI 이미지의 도움을 받을 때가 많습니다.

한 강연에서 AI 디자인에 경험이 많으신 변사범 대표님과 나눈 대화가 기억납니다.

"이제 AI 기술은 더 쉬워질 거예요. 지금은 정교한 이미지를 만들기 위해 'ComfyUI'나 'Stable Diffusion' 같은 프로그램을 활용하지만, 앞으로는 훨씬 쉽고 빠른 기술로 누구나 이미지를 만드는 시대가 올 겁니다. 정말 더 쉽고 빨라질 거예요."

실제로 많은 브랜드가 비용 절감과 효율성을 위해 AI 이미지 생성 도구를 도입하고 있습니다. AI의 등장으로 이미지 세계의 변화는 이미 시작되었습니다. 그 속도는 더욱 빨라지고 있습니다. 20년 전에는 DSLR 카메라가 필수였고, 10년 전에는 스마트폰으로 충분했고, 지금은 AI가 클릭 한 번으로 이미지를 만들어냅니다. 예전엔 한 장의 사진을 위해 몇 시간을 준비했지만, 이제는 몇 초 만에 수백 장을 만들 수 있습니다. 상상만 했던 것들이 현실이 되고, 불가능했던 것들이 가능해졌습니다. 이 모든 것은 앞으로도 계속 변할 것입니다.

하지만 한 가지는 절대 변하지 않는 것이 있습니다. 바로 여러분의 **브랜드의 가치**입니다. 브랜딩에서 가치는 '얼마나 빨리 만들었는가'가 아니라 **'얼마나 오래 기억되는가'**에 대한 것입니다. 화려한 AI로 생성한 수천 장 가운데 사람들의 마음에 남을 한 장은 몇 장이나 될까요?

2016년 도쿄. 한 개발자가 지브리의 미야자키 하야오에게 AI가 만든 좀비 캐릭터 영상을 보여줬습니다. 인간의 고통스러운 움직임을 데이터로 학습시킨 영상이었습니다. 그는 영상을 보여주며, 앞으로 이런 기술을 지브리에 도입하면 좋겠다는 프레젠테이션을 자신 있게 했습니다. 미야자키는 시연이 끝나자, 한참을 망설이더니 이렇게 말했습니다.

"음… 글쎄요. 저는 매일 아침 출근길에 몸이 불편한 한 친

미야자키 하야오는
AI에 대해 어떻게 반응했을까?

구를 만납니다. 그는 손바닥 하이파이브도 하기 어렵습니다. 이 영상을 보고 있으니 그가 떠오르네요…. 저는 이 영상을 보는 것이 전혀 즐겁지 않습니다. 아마 이 영상을 만드는 사람들은 인간의 고통이 무엇인지 그 어떤 것도 알지 못할 것 같습니다. 이 영상은 정말 역겹습니다. 만들고 싶다면 계속 만드세요. 하지만, 저는 제 작업에 이 기술을 절대로 사용하지 않을 겁니다. 이건 생명을 모독하는 짓입니다.”

미야자키 하야오의 이 대답에 스튜디오 회의실이 숙연해졌습니다.

시간이 흘러 챗GPT AI는 실제로 ‘지브리 스타일’이라는 이미지를 세계적으로 유행시켰고, 전 세계 사람들이 지브리 스타일의 이미지를 몇 초 만에 누구나 만들 수 있게 되었습니다. 하지만 이것은 지브리가 아닙니다.

얼마 전 지브리 아카이브 전시에 갔을 때 아주 두꺼운 이미지 스크립트를 본 기억이 납니다. 이 두꺼운 이미지는 모두 지브리 디자이너들의 한 땀 한 땀 정성이 녹아 있는 작업이었습니다. 그리고 스크립트 앞에 하나의 모니터가 켜져 있고, 그 스크립트가 실제로 이미지로 구현되는 장면을 틀어놓았습니다.

영상은 딱 8초.

지브리의 레거시는 8초의 한 장면을 위해 몇 달을 공들여 만들어가는 작업자의 손목이 기억한 선, 세대를 넘어 공유된 감수성에 담겨 있습니다. 지브리 스튜디오가 수십 년간 쌓아온 레거시는 단순히 아름다운 애니메이션 기술이 아닙니다. 그것은 인간의 삶과 감정에 대한 깊은 이해, 수천 명의 아티스트가 손으로 그린 프레임 하나하나에 담긴 인간의 노력과 열정, 그리고 시간이 만들어낸 신뢰의 총체입니다. 이것은 절대로 AI가 대체할 수 없는 고유한 인간의 영역입니다.

역설적으로, AI 이미지 생성 기술이 보편화될수록 진짜 경험에서 나온 이미지의 가치는 더 높아질 겁니다. 누구나 AI로 그럴듯한 이미지를 만들 수 있는 시대에, 실제 경험과 시간이 만들어낸 진정성은 더욱 희소가치를 지니게 됩니다. 당연히 앞으로 AI 활용의 폭은 더 커질 것입니다. AI는 브랜드에게 '속도'와 '가능성'을 줄 것입니다. 하지만 기억하세요. 속도는 서사의 깊이를 단축할 수 없고, 가능성은 경험의 깊이를 대체하지 못합니다. 기술은 언제든지 또 다음 기술로 대체될 수 있습니다. 하지만 오랜 시간 반복하고 축적된 이야기는 '사람이 살아온 흔적'을 담습니다. 이러한 흔적이 담긴 인간의 진정성은 AI가 결코 대체할 수 없습니다.

챗GPT에게 이런 질문을 해보았습니다.

"과연 AI가 사진가를 대체할 수 있을까?"

다음은 AI의 대답입니다.

"아니요. 인공지능이 사진작가를 완전히 대체할 수는 없습니다. AI는 이미지 인식, 편집, 후처리 같은 일부 작업에서 사진가를 도울 수 있습니다. 하지만 사진작가가 가진 창의성, 인간의 손길, 이야기, 주관적 해석은 AI에게 없습니다. 궁극적으로 사진은 인간의 직관과 시각에 의존하는 예술이며, 이는 AI가 완전히 복제할 수 없습니다."

- 챗GPT

사람은 진짜 이야기에 반응합니다. 사람은 진정성에 감동합니다. 사람은 사람의 이야기를 기억합니다. 이것은 100년 전에도 그랬고, 지금도 그러하며, 100년 후에도 변하지 않을 것입니다. 기술이 아무리 발전해도, 여러분의 이야기는 대체될 수 없습니다. 그 경험은 복제될 수 없고, 진정성은 모방할 수 없습니다. 단언컨대, 향후 5년 동안 AI 기술서, AI 마케팅 책이 엄청나게 쏟아져 나올 겁니다.

그 내용에 너무 혹하지 마세요. 기술은 계속 변할 겁니다. 내년에는 지금 AI보다 더 좋은 AI가 나올 겁니다. 오래가는 브랜드가 되고 싶다면, 변하는 것에 흔들리지 말고, 변하지 않는 것에 집중하세요. 남들이 다 하는 것 말고, 남들이 못하는 것을 해보세요. 남들이 보지 못하는 것을 보세요. 당신만이 할 수 있는 것. 당신다운 이야기. 당신다운 이미지. 그것이 당신 브랜드가 오래 살아남는 방법입니다. 뿌리 깊은 나무가 되려면, 높은 건물을 짓기 위해선, 땅을 더 깊게 파야 합니다. 더 오래가는 브랜드가 되고 싶다면, 지금 해야 할 일은 최신 기술을 쫓는 것이 아닙니다. 여러분의 원칙을 세우는 것입니다. 대체할 수 없는 나만의 이야기를 찾는 것입니다. 그것이 AI 시대를 살아가는 브랜드의 지혜입니다.

세상에는 두 개의 세계가 있습니다. A라는 세계와 B라는 세계.

A의 세계

A의 세계는 빠릅니다. 더 크게, 더 자주, 더 화려하게. 이것이 A 세계의 공식입니다. 마케팅, 광고, 자본주의, 일방적 설득, 결과 중심, 트렌드. 지름길, 유행, 대세. 그저 앞만 보고 달리는 세계입니다. 결과가 빠르게 나옵니다. 눈에 보이는 성과가 너무 중요한 세계죠.

"이번 달 매출 20% 상승!"
"월 1,000만 원 버는 법!"
"바이럴 조회수 100만 돌파!"

숫자는 화려합니다. 그래서 사람들은 이 세계에 익숙하고 혹합니다. 더 큰 할인, 더 자극적인 콘텐츠, 더 화려한 이벤트. 계속해서 더 많은 도파민과 자극을 추구하죠.

그런데 이상한 일이 벌어집니다. 더 많이 외치는데 사람들은 처음엔 몇 번 보다 더 이상 듣지 않습니다. 더 화려하게 보

322 / 323

여주는데 사람들은 기억하지 못하죠. 어제의 히트 상품이 오늘은 잊히고, 지난주의 바이럴 콘텐츠는 이번 주면 사라집니다. 결국 치킨게임이 됩니다. 누가 더 크게 외치나, 누가 더 많이 쓰나, 누가 더 자극적으로 만드나. 모두가 앞만 보고 달리다가, 어느 순간 지쳐 쓰러집니다.

B의 세계

반면, B라는 세계의 사람들은 좀 다르게 움직입니다. 천천히 걷는 것처럼 보입니다. 하지만 멀리 봅니다. 브랜딩, 인본주의, 과정, 공감과 소통, 존중과 배려, 인내와 실패, 역사와 가치. 이 세계는 사람을 이해하려 하고, 공감하려 애씁니다. 화려한 광고 대신 진짜 사람 사는 이야기를 합니다. 빠른 결과 대신 자연스러운 관계를 만듭니다. 트렌드를 쫓기보다 자신만의 길을 묵묵히 걸어갑니다. 그래서 때로는 미련해 보이기도 합니다.

"왜 저렇게 느리게 가지?"
"요즘 시대에 맞지 않아."
"저러다가 망하는 거 아니야?"

사람들은 의심하고 고개를 갸웃거립니다. 그런데 신기하게도 시간이 지나면, 남아 있는 건 결국 이 세계의 사람들이었습니다. 이들은 빠르지 않았습니다. 하지만 오래갔습니다.

제가 이 책을 쓴 이유는 하나입니다. 바로, **브랜드가 말하는 방식의 변화를 이야기하고 싶었기 때문입니다.**

우리는 수많은 광고, 연출된 이야기, 자극적 카피가 난무하는 세상에 살고 있습니다. 저는 항상 의문이었습니다. '꼭 이렇게 말해야만 사람들이 반응할까?'

세상은 A만 있는 것처럼 말합니다. "빠르게 성장하지 않으면 도태된다", "지금 안 하면 기회를 놓친다", "남들 다 하는데 너만 안 하면 뒤처진다." 사람들은 이런 메시지에 익숙해집니다. 일방적인 메시지에 길들고, 점점 더 많은 자극을 찾게 되죠.

하지만 브랜드를 이야기하는 방식이 꼭 이래야만 하는 건 아닙니다. 느리지만 오래가는 길, 화려하지는 않지만 사람의 마음에 남는 길. 돌이켜보면 지금까지 오래가는 브랜드들은 하나같이 자신만의 가치를 지키고 있었습니다.

브랜드의 강력한 무기 '이미지'

'이미지'는 바로 이런 세계의 놀라운 무기가 됩니다. 이제 스마트폰 하나면 누구나 사진을 찍고, 영상을 만들고, 세상에 자신의 이야기를 전할 수 있게 되었습니다.

"틱톡이 뭐 그리 대단하냐", "인스타그램이 무슨 비즈니스 도구야", "유튜브로 뭘 할 수 있겠어."

사람들은 그렇게 말하지만, 실제로는 그것들이 세상을 움직이고 있습니다. 그만큼 사람을 움직이는 영향력이 크니까요. 하지만 중요한 건 SNS가 아닙니다. 바로 '이미지'로 사람을 움직이는 능력입니다. 영어를 잘 못하면 영어권 나라에서 생활하기 어렵듯, 비주얼 언어를 못 쓰면 이제 시장에서 살아남기 어렵습니다. 현대인들은 이미 이미지로 소통하고, 기억하고, 결정합니다.

이미지는 그저 하나의 매체Media가 아니라 이 시대의 필수적 언어Language가 되었습니다.

이 책을 읽고 이런 고민을 하는 분도 있을 겁니다.

"나는 정작 사진을 잘 못 찍는데?", "영상을 만들어본 적이 없는데?"

기억하세요. 이 책은 사진과 영상을 잘 찍으라는 것이 아닙니다. 그러면 반대로 물어보겠습니다.

"사진과 영상만 잘 찍으면 사람들의 마음을 얻을 수 있을까요?"

글쎄요…. 저는 개인적으로 유튜버 크리에이터들이 참 대단하다고 생각합니다. 조그만 카메라 하나로, 심지어 스마트폰 하나로 수십에서 수백만 명의 사람을 모으기 때문이죠. 한번 생각해 보세요. 미국의 스트리머 '아이쇼스피드Ishowspeed'가 어느 나라에 나타나면, 수많은 사람이 거리로 쏟아져 나옵니다. 마치 피리 부는 사나이처럼 그가 가는 곳마다 사람들이 몰려다니고, 심지어 선물도 주고 돈도 줍니다. 그의 영상은 전문 장비로 찍은 것도 아닙니다. 화려한 편집 기술도 없습니다. 그저 스마트폰 하나로, '날것' 그대로의 모습으로 수백만 명을 모읍니다. 왜일까요?

답은 간단합니다. 사람들이 반응하는 건 화려한 기술이 아니라 진정성 있는 소통의 방식 때문입니다. 사람들은 완벽하게 연출된 영상보다 날 것 그대로의 진짜 모습에 더 반응합니다. 왜 요즘 사람들이 TV 프로그램보다 유튜브를 더 즐겨 볼까요? 날 것 그대로니까요. 더 자유롭고, 더 솔직하고, 때론 욕도 마음대로 할 수 있고, 더 사람 냄새가 나기 때문입니다. 이건 기술의 문제가 아닙니다. 본질의 문제입니다.

이미지가 언어가 된 시대, 그 언어로 무엇을 말할 것인가가 중요합니다. 아무리 기술이 뛰어나고 기법이 화려해도, 결국 중요한 건 사람이 어디에 반응하는지를 이해하는 것입니다. 이미지의 기술이 아니라 사람의 마음을 움직이는 이미지의 원리, 바로 이것이 비주얼 브랜드텔링입니다.

자기다움을 향한 길

이 책을 쓰기까지 2년 동안, 홍성태 교수님과 거의 매달 만나 브랜딩과 이미지에 관해 이야기를 나눴던 것 같습니다. 사진 마니아인 교수님과 만나면 하루 종일 사진 이야기만 나눕니다. 교수님과 대화를 나눌 때마다, '브랜딩'과 '이미지'는 얼핏 다른 분야 같지만, 참 많은 공통점이 있다는 생각이 들었습니다. 브랜딩은 결국 '자기다움'을 만들어 누군가의 마음에 '인식Perception'을 심는 싸움입니다. 머릿속에 확실히 기억되는 인식을 만드는 데 이미지만큼 강력한 무기가 없습니다.

브랜딩은 결국 그 이미지를 만드는 일입니다.

여기서 이미지란 단순히 사진 한 장을 의미하는 게 아닙니다. 사람들 머릿속에 새겨지는 인상, 느낌, 기억. 그 모든 것이 담긴 원 컷입니다. 그리고 그 원 컷을 통해 우리는 사람들의 마음의 문을 두드릴 수 있습니다.

지금 사람들이 모이는 브랜드를 보세요. 그들은 제품과 서비스의 스펙을 나열하지 않습니다. 가격을 강조하지 않습니다. 그저 이미지로 자신들이 누구인지, 무엇을 추구하는지, 어떤 경험을 줄 수 있는지에 대한 이야기를 전합니다. 이것이 B의 세계 사람들이 이미지로 말하는 방식입니다.

여러분이 이 힘을 모르고, 여전히 A의 세계에 머물러서는 브랜드의 진정한 변화를 경험할 수 없을 겁니다. 빠른 결과만 좇다 보면 사람을 이해할 시간이 없습니다. 화려한 기교에만 집중하다 보면 본질을 놓치기 쉽습니다. 아마 이 책을 읽는 여러분도 이미 알고 있을 겁니다. 언젠가는 B의 세계로 가야 한다는 걸.

재미없을 수도 있습니다. 힘들 수도 있습니다. 좁은 길일 수도 있고, 더 오래 걸릴 수도 있습니다. 하지만 멀리 보고 길게 가야 합니다. 확실한 건 여러분이 선택한 그 길이 결국 자기다움을 만들어주는 길이 될 것입니다.

고민했습니다. 마지막 장에 무엇을 이야기할까? 30일 챌린지처럼 실무적인 것을 단계별로 워크숍처럼 만들까? 그런데 생각해 보니, 저도 그런 책은 나중에 따로 보게 되지 않았습니다. 저는 도리어 이 책이 늘 곁에 두는 책이 되길 바랍니다. 유행이 지나도, 시간이 흘러도, 여러분이 브랜딩을 하는 한 계속 펼쳐볼 수 있는 책이 되었으면 좋겠습니다.

이 책이 여러분의 브랜딩 여정의 나침반 같은 역할을 하길 바랍니다. 급하지 않게, 하나하나 여러 번 읽어보면서 여러분의 비주얼 브랜딩의 퍼즐을 맞춰보세요. 실수해도 좋습니다. 아니, 실수해야 더 좋습니다. 그래야 무엇이 잘못되었는지 알 수 있으니까요. 그때마다 이 책이 여러분의 길잡이가 되어줄 겁니다

이미지를 공부하며 여러분이 만날 한 사람에게 집중해 보세요. 그 사람 하나 감동 못 하면, 당신의 브랜드는 절대로 성장할 수 없습니다. 내가 누구를 도울 수 있는지 늘 생각하세요. 어떻게 매력적일 수 있는지 늘 고민하세요. 내 이야기가 아닌 사람들의 이야기에 귀 기울이세요. 나와 비슷한 한 사람을 찾아, 그와 좋은 경험을 최대한 많이 나누고, 차근차근 꾸준히 그 이미지를 쌓아가세요. 그 여정이 여러분의 비주얼 브랜드텔링을 완성할 겁니다. 이제 이미지로 브랜딩할 때입니다.

ONE
CUT

EPILOGUE

| 왜(why)라는 질문 앞에서

이미지가 사람을 정말 움직일 수 있을까요?

저는 그렇다고 믿습니다.

제 손에 처음 카메라가 주어진 건 2007년 이라크 파병 때였습니다. "여기서 일어나는 이야기들을 사진과 영상으로 기록해라!" 그게 제게 주어진 첫 임무였습니다. 그로부터 18년, 저는 여전히 카메라로 누군가의 이야기를 전하고 있습니다.

10년 전, 처음 본 〈라이프Life〉 매거진의 강렬한 흑백사진들을 아직도 잊을 수 없습니다. 유진 스미스W. Eugene Smith, 세바스찬 살가도Sebastiao Salgado 같은 세계적인 다큐멘터리 작가들의 사진 앞에서 지금도 말로 표현할 수 없는 전율을 느낍니다. 이미지 하나로 세상을 움직인 사진작가들에게 매료되어, 늦은 나이에 박사과정을 포기하고 카메라 하나 들고 무작정 다시 유학 길에 올랐습니다. 오직 '사진이 세상을 바꿀 수 있다'라는 믿음 하나로 열심히 사진을 찍고 기술을 익혔지만, 정작 사진으로 사람의 마음을 움직이는 것은 쉽지 않았습니다.

그러다 우연히 지구 반대편 아이티의 시티 솔레Cité Soleil라는 마을 이야기를 듣게 되었습니다. 아이티에서 가장 가난한 동네, 재난과 질병, 날마다 갱들의 총격과 폭력이 난무하는 곳. 그 위험한 곳에 살아가는 아이들의 이야기를 듣는 순간, 본능적으로 이끌려 그곳으로 향했습니다.

현실은 생각보다 훨씬 쉽지 않았습니다. 총으로 생명의 위협을 당하기도 했고, 사진을 찍다 카메라를 빼앗길 뻔한 위기도 여러 번 겪었습니다.

'내가 과연 이곳에서 사진을 찍을 수 있을까?'

'나는 왜 여기에 있지?'

'여기서 무엇을 담아야 하지?'

매번 고민하면서도 다시 비행기에 올랐고, 그렇게 4년 동안 카메라에 여러 이야기를 담게 되었습니다.

2018 IPA Editorial Photographer of the Year. Eager to Learn / ⓒ홍우림

　그러던 어느 날, 아이티의 고아원들을 방문하고 있을 때, 한 문 앞에 이르렀습니다. 문이 열리는 순간 어두운 방에서 창틈으로 새어 나오는 작은 빛에 의지해 공부하는 학생들의 모습이 눈앞에 펼쳐졌습니다. 칠판에 무언가를 조용히 읽고 있던 에드웬Edwen이라는 소년. 그의 뒷모습을 보자마자 말로 설명할 수 없는 떨림에 카메라를 서둘러 들고 셔터를 눌렀습니다. 하지만 순간 배터리가 없어서 카메라가 꺼졌습니다.

　다급한 마음에 배터리를 다시 꺼내 손에 한번 꼭 쥐고 다시 카메라를 켰습니다. 깜박거리는 경고등과 함께 겨우 한 번 찰칵하는 셔터 소리와 동시에 카메라가 꺼졌습니다. 아쉽지만 그

334 / 335

날이 미국으로 돌아가는 마지막 날 마지막 촬영이었습니다. 집에 돌아와 확인해 보니, 촬영이 안 된 줄 알았던 카메라에 이 한 장의 사진이 저장되어 있었습니다.

이 사진의 여운은 강렬했습니다. 사진을 볼 때마다 이미지가 제게 말을 걸어오는 듯했습니다. 그 후로 계속해서 이들의 삶에 주목했습니다. 희망이 없는 도시, 갱들의 전쟁 속 위험한 곳에서 아들의 손을 묵묵히 잡고 어둠을 빠져나가는 아버지의 뒷모습을 카메라에 담으며. 대학도, 취업도 불확실한 미래 속

2020 IPA
1st place Editorial /
press
a melody of Hope
ⓒ홍우림

에서도 배움의 열정을 멈추지 않는 소년들의 모습을 관찰하면서 '배움에 대한 열망Eager to Learn'이라는 한 편의 이야기가 완성되었습니다.

그리고 이 이야기는 저의 인생을 바꿔주었습니다. 에드웬의 사진이 IPA 올해의 에디토리얼 사진으로 선정되어 카네기홀에 서던 날, 저는 '이미지는 사람을 움직이는 힘이 있다'는 가능성을 보았습니다.

하지만 이것이 우연일지 진짜일지 늘 스스로에게 되물었습니다. 그렇게 이 믿음을 증명하기 위해 몇 년 동안 미친 듯이 세계에 이야기를 전했던 것 같습니다. 충격과 공포 속에서 희망의 멜로디를 연주하던 룩손의 이야기, 대한민국의 잊혀진 참전용사님들의 이야기들이 뉴욕, 파리, 로마, 도쿄, 부다페스트 등에서 50개가 넘는 상으로 돌아왔을 때, 이 믿음은 하나의 확신이 되었습니다.

이것을 깨달은 후로 제 마음에는 작은 사명이 생겼습니다. 저는 이미지로 말하는 사람입니다. 브랜드를 도우며 그들의 이야기를 세상과 연결하고 있습니다. 제 업의 정의는 이미지가 아니라 도움의 연결입니다. 이것이 제가 사진을 찍는 이유입니다.

에드웬을 다시 만나러 아이티에 갔을 때, 아쉽지만 그 소년을 만날 수 없었습니다. 감사하게도 고아원에서 다시 부모님의 품으로 돌아갔다고 했습니다. 제 인생을 바꿔준 사진의 주인공은 이 뒷모습만으로 제게 평생 남아 있습니다. 하지만 여전히 이 소년이 제게 준 믿음이 저를 계속 이미지로 말하게 합니다.

이 소년들의 이야기가 없었다면 아마 이 책이 세상에 나오지 못했을 겁니다. 그래서 이 책의 수익은 다시 아이티의 아이들을 위해 또다시 작은 도움으로 연결하려고 합니다. 에드웬이 보여준 그 빛이 더 많은 아이에게 전해지길 바랍니다.

모든 브랜드에는 세상에 존재하는 이유가 있습니다. 여러분은 왜 브랜딩을 하시나요? 돈을 벌기 위해서? 주목받고 싶어서? 자아실현을 위해서? 그 무엇이라도 좋습니다. 다만 바라건대, 여러분의 브랜딩 끝에 세상이 조금이라도 더 나아졌으면 합니다.

저는 그런 마음으로 지금까지 브랜드의 이야기를 세상과 연결해 왔습니다. 이미지는 사람을 움직이는 힘이 있습니다. 이 힘이 여러분의 브랜드를 통해 세상에 선한 영향력이 되길 바랍니다. 이 책을 통해 여러분의 브랜드가 더 오래가고, 더 많은 사람에게 영향을 주길 바랍니다. 여러분의 변화가 곧 세상의 변화가 될 것입니다.

사진Photography의 어원은 '빛Photos으로 그림Graphos을 그리는 것'입니다. 빛이 없으면 사진도 없습니다. 빛이 없으면 이미지도 만들어지지 않습니다. 그것은 단순히 기술이 아니라, 보이지 않던 것을 보이게 하는 일입니다. 어둠 속에 감춰진 누군가에게 빛을 비추는 일입니다. 세상에는 여전히 빛을 보지 못한 수많은 이야기가 있습니다. 자기다운 옷을 입지 못하고 자신의 이야기를 제대로 전하지 못하는 브랜드들, 진심은 있지만 표현할 방법을 모르는 사람들, 가치는 있지만 발견되지 못한 것들.

여러분의 브랜드에는 어떤 이야기가 숨어 있나요? 그리고 그 이야기들을 통해서 어떤 변화를 꿈꾸고 있나요? 이 책의 원리들이 여러분의 브랜드에 작은 빛이 되어, 어둠 속에서 길을 찾는 데 도움이 되었기를 바랍니다. 그리고 언젠가, 당신의 브랜드가 사람들에게 발견되고, 기억되고, 사랑받는 순간이 오기를. 그 순간, 여러분의 이미지가 누군가의 마음을 움직이고, 세상에 작은 변화를 만들어내길 진심으로 응원하겠습니다.

어둠을 뚫고 나아가는 모든 브랜드를 응원하며,
홍우림

원 컷

초판 1쇄 발행 2025년 12월 19일

지은이 홍우림
펴낸이 김상현

콘텐츠사업본부장 유재선
출판팀장 전수현 **책임편집** 윤정기 **편집** 심재헌 **디자인** 권성민 김예리
마케팅파트 이영섭 남소현 최문실 김선영 배성경
미디어파트 김예은 정선영 정영원 정수아
경영지원 이관행 김준하 안지선 김지우

펴낸곳 (주)필름
등록번호 제2019-000002호 **등록일자** 2019년 01월 08일
주소 서울시 영등포구 영등포로 150, 생각공장 당산 A1409
전화 070-4141-8210 **팩스** 070-7614-8226
이메일 book@feelmgroup.com

필름출판사 '우리의 이야기는 영화다'

우리는 작가의 문체와 색을 온전하게 담아낼 수 있는 방법을 고민하며 책을 펴내고 있습니다.
스쳐가는 일상을 기록하는 당신의 시선 그리고 시선 속 삶의 풍경을 책에 상영하고 싶습니다.

홈페이지 feelmgroup.com **인스타그램** instagram.com/feelmbook

ISBN 979-11-93262-82-5 (03320)